# 建築学の広がり

12分野からみる
多彩な世界

「建築学の広がり」編集委員会＝編著

# はじめに

野澤 康

「私は、建築を学ぶために大学の「建築学部」に入学しようと思う」

————

一見、当たり前に見える文章ですが、10年ほど前までこうした希望を日本で実現することはできませんでした。医師になりたければ「医学部」を目指し、法曹界で活躍するためには「法学部」に進学します。近年の進歩が著しい情報分野を極めようとすれば「情報学部」を選択するでしょう。それと同じように、建築家や建築技術者などになる勉強をするために「建築学部」が当然あるのだろうと思うかもしれません。しかし、それが今まではなかったのです。

つまりかつての日本では建築を学ぶために、大学の工学部建築学科に入りました。その後、工学部のなかに建築を学べるさまざまな名称の学科が濫立し、そういった学科でも学ぶことができるようになりました。そして10年ぐらい前から「建築学部」や「建築○○学部」といった、学科ではなく「学部」ができ始めています。「建築学部」という名称は、2011年にできた工学院大学建築学部、近畿大学建築学部が最初でした。

————

どうして、このようになっていたのでしょうか。

時代は明治時代に遡ります。

近代化・工業化を推進する目的で、1877（明治10）年に工部省は技術者育成のために工部大学校を設置します。現在の東京大学工学部の前身の一つです。そこに設置された一つの科に造家学科がありました（その1期生が東京駅丸の内駅舎を設計した辰野金吾氏です）。学科の名称からは、まず「家を造る」ことが建築の仕事の中心だったことを推測することができます。今ほどさまざまな建築物の種類があったわけではなく、建築物の大半が「家」だったのかもしれません。後の帝国大学、さらに東京帝国大学でも、造家学科という名称が用いられていましたが、1898（明治31）年に建築学科という名称に変更されます。東京大学建築学専攻のホームページを見ると、「『Architecture』の訳語として用いていた技術的な意味あいの濃い『造家』という言葉を、より総合芸術的な意味を含む『建築』という言葉に

改め」たと記されています。「造家」には、単に「家」を造るだけではない意味が込められていたこともわかります。

「造家」について、もう一つの例をお示しします。

日本には日本建築学会という名称の学会があります。「建築学」の研究者や実務家が集まっている会で、会員数は約3万5千人に上り、日本でも五本の指に入るほど大規模な学会です。その前身である「造家学会」が設立されたのが1886（明治19）年です。その後、前述の大学の学科名称とほぼ同時期の1897（明治30）年に「建築学会」へと名称が変更されています。

———

このように、わが国では「建築」と名乗る以前に、「造家」という概念からスタートしたこと、そしてそれが富国強兵・殖産興業という明治の時代背景から、「工学」の一分野として位置付けられたことがおわかりいただけたことでしょう。

では、なぜ近年、工学部から建築分野が飛び出して「建築学部」などをつくる動きが増えているのでしょうか？ ポイントは、この本のテーマにもなっている「建築学の広がり」にあります。既述したように、東京大学が「造家」から「建築」に学科名称を変更した理由として、より総合芸術的な意味を含めることを挙げているように、「建築学」にはさまざまなものが含まれます。工学的な内容はもちろんのこと、芸術的な内容、歴史学、社会学、植栽学、減災学など、多様な分野が関連しています。つまり、「工学」には含まれない多くの分野と連携してこそ「建築学」が成り立っているのです。そうした広範な「建築学の広がり」を体現し、教育する目的で「建築学部」がつくられるようになってきているのです。

本書では、そんな「建築学の広がり」の一端を体感することができます。これから「建築学」を学ぼうと考えている皆さんにも、すでに工学部建築学科で「建築学」を学んだ皆さんにも、「建築学ってこんなに広がっているのか！」と認識を新たにしていただくきっかけとなれば幸いです。

# 建築学の広がり

12分野からみる
多彩な世界

「建築学の広がり」編集委員会＝編著

# 建築学は無限に広がる

## 序説

**野澤康**

建築学とはどのくらいまで広がっている学問なのでしょうか。

建築物をつくることは当然含まれているのですが、建築物をつくる工程だけ考えても、設計・デザイン（内部のデザインもあれば、外部のデザインもあります）、構造、設備、材料、施工などさまざまなプロセスがあり、その一つひとつが建築学の一つの分野となっています。さらに、建築物が建つ敷地の条件であるとか、建築物が集合してつくり出すまち並みや都市、建築物と自然が織りなす風景なども、広い意味での建築学の一部であると言えます。

この一段落を読んだだけでも、皆さんがイメージしていたものとはずいぶん違って「広い‼」ということがおわかりいただけるのではないでしょうか。家を建てたり、リフォームしたりするだけではないのです。その広がりをもう少し深めてみましょう。

――――――

### 古典に学ぶ

まず、古典で述べられている言葉から、建築学の広がりを考えてみましょう。

古代ローマの建築家ウィトルウィウス（Marcus Polio Vitruvius）が、紀元前20－30年頃に著した書物『建築十書』（"De Architectura"）を見てみましょう。この文献は、建築を学ぶ誰しもが一度はその名前を聞く機会のある古典の名著であり、現在にも通用する内容も多く含まれている、建築の基本書と言えるものです。この10巻から成る文献の第1書において、「建築は、強さ（firmitas）と用（utilitas）と美（venustas）の理が保たれるようになされるべきである（森田慶一・訳）」と建築の三つの立脚点が述べられています[1]。ここにある「強」とは建築の堅牢性・堅固性であり、「用」は建築が快適に機能することの保証であり、「美」とはすべての美学的要求、とくに比例の美的要求であるとされています。

これら三つの立脚点を現代の建築やまちに当てはめて考えてみます。

「強」は、災害に強い建築やまちであるとともに、それが将来にわたって持続するように適切に維持・管理・更新していくことにつながります。また、モノとして堅牢・堅固であるだけではなく、そこに暮らす人々によってその強さを向上させることも求められます。

「用」とは、人々が生活する建築やまちが快適で使いやすいことです。それらの感じ方は人によって異なりますが、より多くの人が快適で使いやすく感じ、不快で使いづらいと感じる人が少なくなる空間をつくっていかなければなりません。さらに「強」の部分と共通しますが、時代とともに変わる快適性や使いやすさのニーズに合わせて変化させることで、持続性をもたせることも大切です。

「美」とは、機能的に優れていて、かつ美しい建築やそのインテリアなどのデザインを追究することです。建築には、特定の個人が所有して使用するものもあり（個人の住宅など）、そうした建築は個人の「美」の基準によってデザインすれば良いのかもしれませんが、まちやまちなかに建つ建築、多くの人々が利用する建築の「美」は、多くの人がそう感じるものである必要があります。この点は、「用」の快適性や使いやすさと共通し

ています。

————

### WHO（世界保健機関）が示した環境性能

　これもすでに古典の域に達しているかもしれません。1961年にWHOの住居衛生委員会が、「健康な居住環境の基礎」として、四つの健康レベルを挙げました。これは現在でも、私たちが暮らす都市・まち・地域あるいは建築物の環境性能として応用されています。

　そこに示された性能とは、「安全性（safety）」「保健性（Health）」「利便性（Convenience）」「快適性（Amenity）」の四つでした。近年では、これら四つの性能に加えて、「持続可能性（Sustainability）」を加えた五つで語られることが多くなってきています（あるいは、「保健性」はすべてのベースとなっているため、これを除く四つとされている場合もあります）[2]。

　これらの性能から、建築やまちを捉えてみましょう。

　たとえば「安全性」を取り上げてみましょう。建築の「安全性」とは、強い地震が来ても、暴風雨でも壊れない頑丈なもの、火災の延焼があっても燃えないものをつくることなどによって、さまざまな災害から私たちの身を守ることがまず思いつきます。すなわち、建築の構造や材料を扱う分野が関係します。また近年の地球温暖化の影響で暑さ・寒さが激しくなっており、そうした気候から身を守るための工夫は、建築の環境分野や設備分野が得意とするところです。都市の安全性という側面では、都市を丈夫な建築物で構成するだけではなく、道路や公園・緑地を整備することで、被害を少なくすることができたり、仮に大災害が起きたときにも、素早く復興に向けて立ち上がることができるようになったりもします。また、日頃から地域コミュニティにおいて防災訓練をしたり、災害情報をいかに迅速に皆さんに伝えるかといったことなども、「建築学」の分野に深く関係します。

　近年よく使われる「持続可能性」を考えてみると、石油などの資源、電力などのエネルギー、ゴミ問題といった環境的側面に加えて、人と人とのつながりや少子高齢化といった人間そのものやコミュニティの持続に関する取り組み、商店街の活性化や産業振興など

の経済的な持続に関するテーマなど、それこそ「工学」には収まらない広がりをイメージすることができることでしょう。

————

### 建築学は無限に広がっていく

　いくつかの例で述べてきたように、建築学が対象とするのは、「モノ」としての、あるいは空間としての建築（皆さんが日常目にしている住宅や店舗、オフィスビルなど）だけではありません。

　仮に空間だけを取り出しても、まずさまざまなスケールがあります。建築内部のほんの一部分（たとえば窓、ドア、椅子などの家具、浴室などの特別な環境、照明器具など）から建築が並んでできるまち並み、公園や道路、屋敷林や山並みなどを含んだ風景に至るまで、小から大までのさまざまなスケールを扱うことができます。将来は宇宙空間も対象になるかもしれません。スケール以外にも、さまざまな技術によって建築がつくられており、そうした個々の技術も建築学の対象になります。

　さらに、建築学は、その利用者である「人」にも注目します。前述のような環境性能も「人」がどのように感じるかという視点からもアプローチしますし、とくにまちづくりなどの分野では、人の営みであるコミュニティや経済、産業、行政などについても考慮して考えていく必要があります。

　本書では、こうした「建築学の広がり」を12の視点からアプローチします。「都市デザイン」「ランドスケープデザイン」「安全・安心まちづくり」「環境共生」「建築計画」「建築構造」「建築生産」「建築設備」「建築デザイン」「インテリアデザイン」「共生デザイン」「保存・再生デザイン」の12です。

　「工学」的な分野も含めて、さらにそこから大きく広がる「建築学」をこの12のアプローチから実感してみてください。

ここまではワリにスンナリ進むが、勝負はこの先だから一休みしよう。建築を見てスケッチするのは疲れる。一休みして呼吸を整えてから次に"なぜいいのか"、"なぜ悪いのか"を、文にする。見た目が受けた印象を、脳を駆使して言語化する。「壁の色がスゴイ」とか「出隅の納りが下手」とか、短かくまとめる。

そのとき、建物の出来がスゴ過ぎて言語化不能なら土俵正面電車道の押し出しで自分の負け。そのスゴさをちゃんと言語化できれば、同体引き分け。そのスゴさの裏に潜む相手も自分では気づいていないであろうことを指摘できれば自分の勝ち。愚作であっても勝ち負けは付き、なぜダメかを指摘できれば勝ち。指摘できなければ負け。

建築を見るとは、建築とそれをつくった建築家を相手とするブッカリ稽古なのである。

こうした目と脳を筋肉としたブッカリ稽古を何年か続けていると、自分の視覚の特徴というか傾向がわかってくる。

私の場合、建築史家として長年、見て、考える稽古を続け、45の歳に処女作「神長官守矢史料館」をつくった。そのとき、多くの人から建築史家としての仕事と建築家としての関係について尋ねられたが、わからなかった。目と脳のトレーニングが自分の設計にはたして何か影響を与えているのかどうか、自分では言語化できなかった。

大人になる前の目と手の体験が私の視覚の傾向をつくり上げた、とは今は認めているが、大人になって建築史家としてやったブッカリ稽古は、自分の傾向を知ること以上にどんな影響を与えたのかは、いまだ定かでない。

日本銀行本店本館の調査

藤森照信（ふじもり てるのぶ）

建築史家・建築家。
1946年、長野県生まれ。建築史家・建築家。
東京大学名誉教授、工学院大学特任教授、東京都江戸東京博物館館長。
専門は日本近現代建築史。著書に『建築探偵の冒険・東京篇』（サントリー学芸賞、ちくま文庫）、『明治の東京計画』（毎日出版文化賞、岩波現代文庫）など多数。1991年、45歳のときに「神長官守矢史料館」で建築家デビュー。「熊本県立農業大学校学生寮」で、2001年日本建築学会賞作品賞を受賞。

エッセイ

建築を学ぶ君へ

エッセイ

# 相撲を取るように見る

藤森照信

人間の体は、当然のことながら、食べたものによってできている。肉であれ野菜であれ胃で分解され、分解された成分が腸から吸収され、その成分が体中に回って骨も筋肉も内蔵もつくられる。

目についても同じことが言えて、人の視覚的世界は見たものによってできている。野や山にせよ絵画にせよ、何かを見るとその印象が無意識のうちに網膜を通して脳内に一つの成分として定着される。

食べ物が体をつくるように、長い時間のなかで見たものが視覚をつくり、そして大人になると、その視覚を通して外のものをいいとか悪いとか判断するようになる。

建築を学び始めたばかりの皆さんは、すでに大人だから自分なりの視覚が成立しているが、しかし、自分の視覚の特徴についてはわかっていないはずだ。こと建築相手だとなおさらわかっていない。建築と本気で取り組んだことなどないはずだから当然のこと。

どうすればすでに成立しているはずの自分の視覚の特徴を明らかにすることができるのか。

方法は簡単で、

「相撲を取るように見る」

建築家が勝つか、見る者が勝つか。

遠くから建物が見えると、すでに勝負は始まっている。はやる気持ちを落ち着け、ゆっくり背筋を伸ばして近づき、敷地に入ったらそこはもう土俵の上。絶対に写真を撮ったりしてはいけない。写真を撮ると、印象は写真が記録し、その分、自分の脳への定着が薄まるからだ。まず、ゆっくり、しっかり、正面から見渡し、次に右や左に移動して見る。そのとき、自分の視覚が"いい"とか"悪い"とか語り始めるが、その急な語りに付き合わないほうがいい。語るにまかせ放っておく。

見終わったらどうするか。カメラを構える前に、スケッチブックを取り出し、大体の姿を描くが、そのとき、画家がするようにサッサッと巧みな筆を走らせ、美しい絵として仕上げることは絶対にしてはならない。われわれは画家ではなく建築を志す者。建築を志す者は、美しくなくとも下手でもいいから、その建築のポイントとなる箇所を正確に描き留める。いい建築と思ったら"どこがいいか"を、悪いと思ったら"どこが悪いか"を図で示す。

港区立郷土資料館を見学（提供：2点とも大内田研究室）

のすべてに触れることは不可能です。ここでは、皆さんにとって身近な冷暖房を例に取り、「人を知る」ことを考えてみます。

現代は、多くの建物に冷暖房設備が設置されています。「どうして建物には、冷暖房設備が必要なのでしょうか」。答えは、人を知ることにあります。

人は、恒温動物です。どうして人が恒温動物であるか、その必然性や利点と欠点は、生命の進化の過程を探る生物学や人の生理学が解き明かしてくれます。人は恒温動物であり、静穏時100W（約2000 Kcal/day）程度の代謝を行い、同程度産熱して環境に放熱し、体温を37℃に保持します。体温を37±0.5℃程度に保持することは、人の生命活動にとって極めて重要です。体温は、男女、年齢、人種に関わらず「人」（Homo Sapience）ということで共通します。

この体温が人体活動とは別要因（室内の温度条件等）で1℃程度でも変動すると、「人」は、暑さあるいは寒さによる強い不快感を感じ、長く続けば、健康を害します。体温が5℃以上変動し、その状態がしば

し続けば、生死にも関わります。

人は、いわば100Wの発熱体で、その温度を37℃で維持しなければなりません。発熱した100Wは、人のまわりの環境に捨てるわけですが、発熱体温度が37℃に保たれるよう捨てなくてはなりません。発熱体温度と環境との温度差が高ければ、その分多くの熱が捨てられますし、低ければ必要な熱が捨てられません。代謝発熱以上に放熱すれば、体温は低下してしまいますし、それ以下にしか放熱できなければ体温は上昇してしまいます。

詳細は説明しませんが、体内で産熱した100Wの熱を人体とその環境の界面である皮膚表面から放熱するには、皮膚温度は体温より若干低い平均33.3℃前後である必要があります。皮膚温度がこれより高いと体内で生産した熱が皮膚表面に伝達できず体温は上昇します。低ければ過剰に体内の熱が皮膚表面に伝達されて体温が低下します。人の衣服はこの人体発熱体をくるむいわば断熱材です。人のまわりの環境、室内が過剰に低け

れば、断熱材で覆って、皮膚表面温度を維持することになります。室温が過剰に高いと、十分放熱できなくなります。室温が33.3℃を超えると、放熱は発汗などによる皮膚表面での蒸発潜熱に頼ることになります。発汗は人の水分を減少させるため、限度を超えた発汗は生命の危機を招きます。冷暖房は、人体発熱体を適切に冷却し、発熱体温度を適正に維持するための必須の技術なのです。

「人を正しく知る」ことにより冷暖房の意義が正しく把握され、人に優しい環境がつくられます。

───────

**快適な温度は人により違う**

命の危険が迫るほどの極端な状況は、冷暖房設備があり、正しく活用されている建物では、ありません。しかし冷暖房の好みは人によって大きく違います。「人を知る」とその理由がわかります。そして、それぞれの多様な人の好みに合理的に対応することも可能になります。建築学を学んで、ぜひ「人を知って」いただきたいと思います。

加藤信介（かとう しんすけ）

1953年、愛知県生まれ。東京大学名誉教授、工学院大学特任教授。

建築環境・設備分野において建設前の室内環境の数値シミュレーション予測とその設計へのフィードバックの基礎を築く。近年ではこの環境シミュレーションに人間の生理・心理作用などの人間感性を組み込む環境・人間系総合シミュレーションの開発を行う。著書に『図説テキスト 建築環境工学』〔共著・彰国社〕『風工学ハンドブック』〔共著・朝倉書店〕ほか。通算18回にわたり空気調和・衛生工学会論文賞を受賞、1997年日本建築学会賞を受賞。

# 建築を学ぶ君へ

# 人を知る

加藤信介

## 人を知ること

「人はどこから来てどこへ行くのか」、人それぞれの疑問のもち方は違うかもしれませんが、多くの人はその幼少期や青少年期にこうした疑問を抱くことがあったのではないかと思います。

「人」とは、自分のことでもありますし、自分の親や祖先、あるいは地域の人々、国の人々、あるいは世界の人々のこともあるでしょう。このような属性や制約から離れ、抽象化された生物学的、あるいは哲学的、社会科学的、人文科学的な「人」かもしれません。

日々の生活や学習の場で、「自分」を意識することは、あまりないように思います。「自分」を意識することは、自分とは違う「ほかの人」を意識することにつながります。さらには、自分やほかの人々も含めて、これらを代表する「人」が、どのような性質をもち、どのように生き、何をどのように後に続く人々に伝えていくのかを考えます。「人を知る」ということは、人にとって永遠に続く、そしていまだ多くの未解明を残す課題のように思われます。

―――

## 人を知ることが基礎となる建築学

建築は、人が生活し、生産する場の器となるものです。ほとんどの建築は、人のために存在します。

建築は「人との関わり」が極めて大きい人間活動です。その建築を考える建築学は、「人との関わり」が大きな課題となっている学問分野です。「人はどこから来てどこへ行くのか」という疑問に対して、これに答えようとする学問分野は多くあります。建築学は、そのなかでも人間社会で明確な実体を伴い、人の活動や振る舞いに直接的に影響する「建築」に関する学問になります。人に直接的な影響力を発揮するものには、病気の治療を科学する医学などもありますが、医学の対象は普遍的な人ではなく、治療を要する病んだ人であり、一方で、建築学が対象とする人は、老若男女、ものの見方や感じ方がさまざまに異なる、すべての人を対象とします。

人の生活は、自分以外のほかの人とも交わる社会的なものです。建築は、人の営みである経済活動、社会活動の場であり、こうした人のさまざまな活動に強く組み込まれます。建築は、また人の心を癒し、感動を与える、芸術的な存在であり、人の活動の目に見えるシンボルともなります。建築は、さまざまな自然災害や危険から身を守るとともに、さまざまな機能を人に提供する場でもあります。したがって、そのような工学的な土台を与える構造工学や、設備工学なども包含し、これらを統合する総合的な学問分野となっています。

現在、一つの分野には秀でているが、ほかの分野のことには常識が欠ける「専門バカ」といわれる科学者や技術者あるいは職業人が、さまざまな問題を人の社会にもたらしています。こうした人々は、その専門性ゆえにしばしば高い社会的影響力をもちますが、幅広い視野から物事を考えることができず、しばしば誤った方向に人を導いてしまうことがあります。こうした人々を、人を十分に知る努力を怠っているのだと思います。建築学がこうした「専門バカ」を育てることはありません。「人を知る」ことが、建築学の基礎であり、「人が人らしく」生きる場を提供することが、建築学の使命なのです。

―――

## 建物に冷暖房はどうして必要か

建築学の裾野は、果てしなく広いものです。そ

都市環境と景観に貢献できるチャンスを見逃す。安全性を確保することと同じくこのような3E's をも大切である。では、構造エンジニアとアーキテクトの差はどこにあるかと言われると、おそらくアーキテクトは空間構成に一番関心をもつことに対して、エンジニアは素材の物理的な可能性に一番関心をもつのではないかと思う。構造デザインは物理学プラス彫刻とよくいわれる。力の流れやバランスを定量的に把握しそれを操作することと理解すればやや近い定義の一つかもしれない。

都市環境と景観に貢献できるチャンスを見逃す。安全性を確保することと同じくこのような3E's を満たすこととはとても大事である。残念ながら世の中にはまだまだ満たされていない構造物がたくさん出てきている。私たちは教育の面でさらに努力を重ね、次世代の素晴らしい構造家を育てたいと考えている。

もちろんのこと、建物は構造の観点だけから設計することはできない。通常、人間が中に入り、その空間に住んだり仕事したり演奏したりするた

め、アーキテクトが担当する空間のデザインはとても大切である。では、構造エンジニアとアーキテクトの差はどこにあるかと言われると、おそらくアーキテクトは空間構成に一番関心をもつことに対して、エンジニアは素材の物理的な可能性に一番関心をもつのではないかと思う。構造デザインは物理学プラス彫刻とよくいわれる。力の流れやバランスを定量的に把握しそれを操作することと理解すればやや近い定義の一つかもしれない。

構造家はアーキテクトとほかの専門デザイナー（設備設計者、ランドスケープデザイナー、照明デザイナーなど）と協議しながら一貫性のある設計を目指さなければならない。各専門家の協議や打ち合わせはとても大事であり、そのプロセスをコラボレーションという。各専門家が自分の分野を知り尽くして参加するのは当然のことであるが、健全なコラボレーション環境のなかでは、場合によってはアーキテクトが構造的な発言・提案をしたり、構造家が設備家に提案したりすることにより充実した設計が生まれるはずである。いわゆる一足す一が二以上になるような神

**Fig.01** 氷ブロックからなる圧縮系のイグルー（上、Photograph by Frank Kleinschmidt）と蔓と割木からなる引張り系の吊り橋（下、©Photo AC）

**Fig.02** 東京国際フォーラムの現場空中写真（上、写真は特記以外すべて著者提供）、ヴィニョリと渡辺がアトリウム屋根上にて握手（下）

建築を学ぶ君へ

# 構造デザインとコラボレーション

## アラン・バーデン

構造デザインという活動は、ものをつくろうとするときにその物理的な構成を決めることである。

構造デザイナーはエンジニアの一種であり、英語ではstructural engineerという。基本的には構造デザインと構造設計は同じことだが、構造のコンセプトや素材の組み合わせ方を強調したいときには構造デザインと呼んだほうがいいかもしれない。

飛行機も家具も車も人工的なものには何にでも構造デザインが必要となるが、大学の建築学部では建物の構造構成を決めることという意味に用いるのが通常である。日本では建築課程の一部として教育されるが海外の多くの国では土木工学課程のなかで教えられる。近年まで構造デザインを職業としている人には専門名称はなかったが、日本では1970年代に巨匠エンジニアであった木村俊彦先生が「構造家」という呼び方を提案し、その時代からよく言われるようになってきた。

建物の物理的な構成を決めることは人間の本能的な行為の一つであろう。人類は洞窟から出て自分のシェルターを考え出したとき以降、人体の五感を利用しながら住むための空間を考え出してきた。

身近にある自然素材を利用しいろいろな工夫を試みたのだ。スヴァルバード諸島に住んでいる人々は氷のブロックを切り出し、球体の屋根をもつイグルーを考え出した。アフリカにいる民族は、土砂から干煉瓦をつくり原初的な組積造の建物をつくっていた。特徴があり、設計しようとする構造的な素材の組み合わせ方を強調したいときには構造デ森林環境に住んでいる人々は枝や蔓を使って吊り橋や屋根を架けていた Fig.01。いずれも構造技術の知識がまだなかった時代から、利用している素材と建てられる形体の関連がはっきり見られる。氷ブロックは引張りに弱いので圧縮力しか生じないドーム型にしたり、引張りに強い木枝では吊り橋のようなものが可能だったりと、人間の本能や子どもの遊びから学んだ知識が使われている。

社会の進歩とともに建築空間と機能が複雑になり、現代では建物に要求される用途を満たすため、高度なレベルの構造技術が開発されてきた。

私が大学で勉強していた1980年代には「3E's を満たせ」とよく言われた。つまりeconomy（経済性）、efficiency（効率）、elegance（美）という要因である。設計したものの価格が高すぎると誰も発注してくれない。効率が悪ければ部材が大きくなり地球の限られた資源を無駄にしてしまう。美しくなければ

計を洗練していく。

現代社会に流通している構造素材としては、鋼材、コンクリート、煉瓦、石、土、木材、ガラス、アルミなどがある。上に書いたように、各素材は構造的な特徴があり、設計しようとする構造物に適切なプロセスで素材の選定、配置、組み合わせが決められる。構造家は常に各素材と構造システムが果たして与えられた条件にフィットするかを考えている。当然のことながら安全性の確保は絶対的な義務になっている。しかしそれと同時に、経済性や施工性など多数ある要因を同時に評価し、構造を最適化しようとしているのである。

引張り耐力が必要な吊り屋根には、当然引張りに弱い石や煉瓦を利用することはできない。剛性（ばね係数）が比較的小さいアルミを振動から防ぎたい床版に使うのは良くない。構造家は常に各素材と構造システムが果たして与えられた条件にフィットするかを考えている。

力の流れと素材の特徴を把握する直観的な感覚はもちろん大事だが、それと同時に構造物の性能を定量化しなければならない。どの程度の荷重に耐えられるか、どのぐらい変形するか、どのぐらいの安全率があるかなど、構造家が確認しながら設

「真下慶治記念美術館」では雪国の積雪荷重

環境のなか、木の屋根をトラス型にしたが、そのトラスの下弦材に引張力に強い平の合板を使用し、その材がそのまま空間の天井を成すFig.05。トラスは予め工場で組み立てられ、そのままトラックで現場まで

運ばれたので、建て方が容易であった。

「桃山ハウス」では鉛直はね出し鉄筋コンクリート柱（樹木と同じように根本が固定で柱頭が自由）が軽い鉄板屋根を支えるFig.06。制作、運搬、建て方が容易になるように屋根をある程度標準化されたパネル

に分割し、パネルとパネルの間の十字型接合金物で全体を連結させた。

以上、構造デザインの分野と職業の説明を試みた。今後も若い構造デザイナーの教育に貢献していきたいと考えている。

Fig.05「真下慶治記念美術館」（高宮眞介／計画・設計工房、2004年）。
交流棟の完成内部空間（上）と屋根建て方（下）

Fig.06「桃山ハウス」（中川エリカ建築設計事務所、2016年）。
完成した屋根（上）と製作中の屋根パネル接合金物（下）

アラン・バーデン

構造家。ストラクチャード・エンヴァイロンメント代表、工学院大学特任教授。オーヴ・アラップ・アンド・パートナーズ、木村俊彦構造設計事務所、構造設計集団（SDG）などを経て1998年ストラクチャード・エンヴァイロンメントを設立。建築のほか、家具、橋梁、家電などを対象に幅広く構造設計を行う。東京とロンドン、コペンハーゲンを拠点に、アジアとヨーロッパの多くの国で活動中。「東京国際フォーラム」（ラファエル・ヴィニオリ、1996年）ガラスキャノピーにてイギリス建設業界賞、「中村キース・ヘリング美術館」（北河原温、2007年）にて2007年度村野藤吾賞を受賞。

秘的な効果が得られる。

設計の打ち合わせは時間が掛かるが、十分に行わないとできた建物には整合性のない個所が生じやすくなる。そのためできた建物には施工プロセスに手間が掛かったり、コストが掛かったりして、でき上がる建物は一貫性がなくなる。自分が90年代に構造設計集団(代表:渡辺邦夫)で修行していたとき、運よく「東京国際フォーラム」(1996、以下TIF)の実施設計に携わる機会があった。TIFのアーキテクトはニューヨークに拠点をもつラファエル・ヴィニョリだった。彼のチームから東京に常駐するアメリカ人の担当者たちと毎日何度も何度も打ち合わせを繰り返しながら建物の設計を進めていった **Fig.02**。

TIF設計の最終段階(1995年頃)に、自分のロンドン時代のボスであったガラス造専門家ティム・マクファーレーンに依頼し、TIFプラザに位置する地下鉄有楽町線入り口の上屋をガラス構造で実現させるために手伝ってもらった。そのときは、日本・アメリカ・イギリスのさまざまな機関(設計事務所、ガラスメーカー、施工会社、大学、風洞実験所など多様な機関)から参加した人物たちが設計プロセスに貢献し、たいへん充実した設計プロセスが実現できたと思う。でき上がった上屋もその効果を物語っている **Fig.03**。

自分の事務所では、設計打ち合わせになるべく多くの時間を確保するようにしている。設計の後半には必要だと思われることも多いが、じつはむしろ初期段階のほうにこそ重要だと思う。構造のコンセプトをほかの専門分野と統合させるため、なるべく早い段階に皆ができるだけ長い時間を掛けて話し合ったほうがよい。このときには充実したコラボレーションを成功させるため、参加する人のコミュニケーション力も要求される。構造エンジニアの場合は、物理学と関係する概念をわかりやすく説得力のある方法で設計チームに伝えなければならない。

上記についてもう少し具現化するため自分の事務所ストラクチャード・エンヴァイロンメント(SE)が担当した物件から3件を紹介する。2001年竣工の「保土谷の住宅2」ではステンレス鋼材からできた無垢の直材(フラットバー)が鉄筋コンクリートのスラブと連結され下の駐車スペースを確保しながら上の2階建て木造住宅を支える人工地盤を成す **Fig.04**。コンクリート、木材、ステンレス鋼材が融合された全体構成である。

**Fig.03** TIF最寄りの地下鉄有楽町線入り口上屋(上)、当時現場訪問中のマクファーレーン(下)

**Fig.04** 「保土谷の住宅2」(佐藤光彦建築設計事務所、2001年)。全景(上)とスラブ下の駐車スペース(下)

# 1 都市デザイン

人びとが楽しく過ごす街角（メルボルン、バークストリート）

# まちづくりは誰のため？

道路や公園、下水道などがきちんと整い、建物が建ち並んでまちができていきます。そこでは多くの人々が暮らし、働き、学び、そして楽しいときを過ごす。そういう活き活きとした活動の場であるまちが、将来にわたって続いていってほしい。まちづくりは、そのための努力を続けていく息の長い営みです。しかしそれは、そう簡単なことではありません。さまざまな人が将来のまちの姿を共有し、役割分担しながら努力を積み重ねることで達成できるものです。

### 「困っている人を助ける」まちづくりの営み

「まちづくり」って何？ と日常会話のなかで問われると、このことに長年取り組んでいる人でも、簡潔に答えるのはなかなか難しいものです。まちには建物・道路・公園・鉄道などじつにさまざまなものが集まり、そこで多くの人びとが毎日さまざまな活動をしています。まちづくりとは、それら都市を構成している要素（インフラ、都市機能、コミュニティ）の「組み立て」を企画・計画・実現することです。と言ってみても伝わらないから難しいのです。

少し噛み砕いてみましょう。

まずまちづくりで扱う地理的な広がりは一つの都市全体にとどまらず、隣接するまわりの都市も一体で扱うレベル（広域）から、もちろん一つの都市全体、都市の一部の地区、道路で囲まれた一角（街区）、さらには複数の建物の集合体や一つの公園などかなり小さな範囲まで、さまざまなスケールを対象にします。

どのようなスケールであってもまちづくりを進める際に目指すこと、あるいは理念と言ってもいいですが、その第一は「困っている人を助ける」こと、あるいは「困る人をつくらない」ことです。

多くの要素が集まってできているまちにおいて、建物をつくることにしても人々の活動にしても、まったく自由に任せておいたり、それらの積み重ねによって起こるまちの変化を放置すると、たとえば次のようなさまざまな困りごとが起きます。

戸建て住宅地のなかに高層のマンションや工場、大きな商業施設が建って生活の快適さが脅かされる、交通渋滞や工場騒音などの公害が発生する、ごみが溜まって不衛生になる、などはわかりやすい話だと思います。最近多くなっていますが、大雨が降って浸水したり土砂崩れが起きたりするのも困ったことです。あるいは近所付き合いが少なくなって、一人暮らしのお年寄りが閉じこもりになってしまうとか、小さな子どもを育てているお母さんが孤独になってしまうという問題も、人と人との関係の希薄化による困りごとと言えます。

まちづくりはこのような困りごとをできるだけ未然に防止すること、そして残念ながらそれが起こってしまったら、解決するということが第一の使命です。

このことをもう少し堅い言い方をすれば「公共の福祉の増進」となります。この場合の福祉とは障がいを抱える方や高齢の方、子育て真っ最中の方などを直接支援する社会福祉のことではなく、広く市民全体がより幸せな生活ができるという価値観のことです。その増進ですから、市民全体が幸せになれるまちにしていくこと、これがまちづくりの中心的な目標です。

———

### 豊かな都市生活へ向けての都市デザイン

そのように考えると、困った状態をつくらないといういわばマイナスの面を減らすこと、それだけではありません。さらに人びとがより豊かな都市生活を営むことが

できるまちにしていくことも、まちづくりとして同様に重要なことです。まちの良い面を探してそれを伸ばしていったり、新たな魅力を生み出していく。つまりプラスをつくり伸ばすということです。

このために近年盛んに取り組まれているのが、都市空間を人々の多様な活動の場としていくことです。人の活動とは住む・働く・学ぶといった基本的なことだけで成り立つものではありません。木陰で読書をする、芝生の上でみんなでお弁当を食べる、高校生が放課後にまちなかで宿題の相談をするなど挙げれば切りがありませんが、気持ちの良いゆとりのある空間でいろいろなことをしたいものです。こうした欲求に応えられる場を丁寧に用意することが、とても重要な時代になっています。

さらには地域の歴史や自然、文化を大切にした美しいまちを守り育てることも、そのまちに愛着をもって暮らす人々にとって、とても重要なことですね。このために、時には失われたかつての景観を取り戻すことなども、市民の皆さんが住み続けたいと思うまちにしていくうえで貴重な取り組みとなることがあります。

### 都市計画の役割

この分野で「まちづくり」と同時によく聞かれる言葉に「都市計画」があります。まちづくりと都市計画の関係はなかなかわかりづらいものなのですが、ここではあえて次のように整理したいと思います。

上記でお話ししたまちづくりの営みのなかで、都市計画とは「物理的な環境を整えるための手法」と理解してもらってよいと思います。冒頭に書いたまちの要素のうち、まずインフラを整備することがあります。インフラとはインフラストラクチャーの略で、日本語では都市基盤施設といいます。道路・鉄道・公園・河川・上下水道・清掃工場など都市での人々の活動を維持するためになくてはならないものです。このインフラを都市のなかで効果的に配置、整備していくことが、都市計画の重要な仕事です。

また都市とは道路、公園等のインフラや宅地ができ、建物が建って発展していくものですが、どこにどの

ような種類の建物を、どのような規模・形態でつくるのか。都市全体のなかでの場所柄に応じて、そういったルール（規制）を定め、混乱が生じないようにすることも都市計画の基本的な役割です。

このようにして、まちづくりの目標に沿って物理的な環境を整えるのが都市計画の使命であると言うことができます。

### まちづくりの主要テーマ

まちづくりには、じつにさまざまなテーマがあり、とてもここで扱い切れるものではありませんが、いくつか主要なものを紹介します。

まず都市構造の構築があります。一つの都市のなかには、中心部に大きな商業ビルやオフィスビルが集まったところや、戸建て住宅が並ぶところ、あるいは工場が集まっているところなど、いろいろな地区があります。これらは自然にでき上がっているのではなく、全体の配置を計画しつくっていくものです。そしてそれらの間を移動するために鉄道や道路を配置します。このように都市全体の組み立てを計画し実現していくことが都市構造の構築となります。

そして都市のなかでのそれぞれの部分（地区）に着目し、さまざまな課題を解決し、より安全・快適・便利なまちにしていくという取り組みもあります。たとえば都市中心部での店舗や居住者の減少が各地で起きていますが、この中心市街地の再生などは、現代都市の重要な課題です。

身近に魅力的な活動空間があり多くの人がそこに愛着を感じる、いわば「自分の居場所」と感じられるような場を確保していくことも、今日のまちづくりの重要テーマの一つですし、町内会・自治会、あるいは商店街、さらには趣味や価値観を共有する人々など、さまざまな人と人のつながりのなかでまちを素敵にしていくことも、安心して暮らせるまちにするために必要な取り組みです。

さらに近年は都市での災害が多発していますね。東日本大震災は都市が壊滅状態になるほどの大災害

でした。困っている人を助けるという意味では、このような大災害で大きな被害を受けたまちを蘇らせることは、何よりも優先して取り組まなければならないことです。

　まちを蘇らせることを「復興」といいます。これに似た言葉として「復旧」があります。復旧はたとえば壊れた橋や道路、水道などを元の状態に戻すことです。これに対して「復興」は、元の状態に戻すことではなく、被災前のまちの状態を反省して、より安全で暮らしやすいまちを創造的につくっていくことです。

　宮城県の山元町は、東日本大震災の津波によって町内の住宅の約半数が全壊や半壊になるという非常に大きな被害を受けました。震災前は多くの住宅が町内全体に分散して建っており、住民の皆さんはとても余裕のある生活をしていましたが、一方でインフラの効率性が低いとか、お店や学校などが遠く生活の利便性が低いなどの課題もありました。そこで震災後の復興に際しては、安全性を第一に配慮したうえで住宅や生活関連施設などの集約化を図ることとしました。その結果、鉄道駅・スーパーマーケット・小学校・保育園・公園などが近くにある、とても便利なまちになりました **Fig.01**。

___

**まちづくりの進め方**

　ではそのようなまちづくりは、どのように進めるものなのでしょうか。

　すでにおわかりのように、まちづくりは一人の人間や一つの企業が単独でできるものでは決してありません。どんなまちでも、さまざまな考えをもった多くの人や組

**Fig.02** どんなまちにしたいかな?

織が日々活動しています。そういう人や組織が目標を共有して役割を分担しながら、何年も掛けて進めていくものです。

　まちづくりの手始めは、そのまちのことをよく知るためにさまざまな調査をし、その結果を評価することです。どんなまちでも人々の生活、活動にとって大切にしたい資源(利点といってもいいでしょう)があり、一方で改善しなければならない課題があります。まちの評価とは、この資源と課題を見つけることです。

　次に資源を伸ばし課題を解決しながら、どのようなまちにしたいかという目標を設定します。そしてその目標の達成に向けて、そのまちの人や組織が何をしなければならないかを考えます。道路を広げる、花を植える、家の建て方をある程度統一するなど、それぞれのまちでさまざまですが、できることを明確にして取り組んでいくことを決めます **Fig.02**。

　このような一連の取り組みを、できるだけ多くの人、組織の皆さんが参加し、合意しながら進めていくことが重要です。

　まちづくりとは、より幸せに暮らし続けられることを目指して、そこで生きている人々のためにみんなで進める営みなのです。

___

[星 卓志]

**Fig.01** 東日本大震災後につくられた宮城県山元町の新しいまち

# 活き活きとした
# 生活の場をつくるために

野澤 康

## 人が主役の都市づくり

都市計画やまちづくりは何のために、あるいは誰のためにあるものでしょうか?

都市やまちは人が暮らす場です。都市計画やまちづくりはその場を安全で快適、しかも便利にすることで、人々が暮らしやすくするためのものです。都市計画に関わる者にとっては、ともすると道路をつくること、建物を建て替えること、何らかの規制を加えることが目的化してしまいがちですが、それは間違いだと言っていいでしょう。都市やまちは人のためにあり、主役はあくまでも人なのです。

一例を挙げると、都市の約20年後の将来像を示すものに「都市計画マスタープラン」があります。これを「市町村がこれからの20年間どのような仕事をなすべきか」という都市計画に関する行政計画であると捉えると、どうしても「モノ」中心

台東区
都市計画マスタープラン

平成31年3月
台東区

**Fig.01**「人」を主役に据えて「場」のあり方を描いた「台東区都市計画マスタープラン」

になってしまいます。都市計画の役割は長年にわたってそのようなものだといわれてきました。しかし先にも述べたように、都市やまちは人が暮らす場であることを第一義とすべきです。その場にある「モノ」を計画するには、それ以前にその都市やまちで人々がどのように暮らすのか、その暮らしのイメージを構築することがとても大切です。

2019年に策定された台東区都市計画マスタープラン**Fig.01**では、ただ単に土地利用、道路の整備、建築物の制限などを「モノ」として描くのではなく、「人々が台東区でどのように生活するのか」「その場(舞台)として台東区はどのようなまちであるべきか、何を用意するべきか」をしっかり議論して、マスタープランを作成しています。その構成を示す図において、道路・交通や防災などを土台として、生活・住宅や文化・産業・観光などの人々の暮らしや営みに関わるものを上位に据えて、その意志を伝えようとしています。

このように、都市計画やまちづくりをする際には、「モノ」だけをつくるのではなく、そこに暮らす人々の暮らしを第一に考え計画・実行していくことが求められるのです。

———

## 人口減少時代の都市づくり

日本は世界的に見て、もっとも高齢化が進んでいる国の一つであり、同時に少子化も加速していることから、すでに2008年頃から人口が減少し始めています。これを増加に転じさせることはほぼ不可能

であると考えられ、これからの時代は、人口減少を大前提とした都市のあり方を考えていかなければなりません。こうした人口減少は全国一様に起きているわけではなく、東京のような大都市では減少率が小さく、地方では大きくなります。すなわち地方では過疎化が進み、深刻な状況になっているのです。

とはいえ、悲観的な将来だけではありません。

日本はもともと欧米諸国に比べて住宅が狭く「ウサギ小屋」と揶揄されてきました。人口減少を逆手にとって、今までにない豊かな、余裕のある住空間の創出が可能になるかもしれません。高齢化や人口減少によって、各地で空き家・空き地の問題が顕在化しています。人口増加時代に大きく広がった都市をコンパクトにする方向性も示されていますが、こうした空き家・空き地を上手く活用しながら、今までより低い密度で快適に暮らすことも考えるべき時代が到来しています。インフラの効率化などの視点からは都市はコンパクトであったほうがよいので、適度にコンパクトにしつつも、住宅そのものも周辺環境も広々と快適に暮らすことが可能な将来都市像(「低密度居住モデル」とでも呼ぶべき都市像)を構築することが必要とされています。

都市というには小規模すぎますが、東日本大震災の被災地でもある岩手県野田村では震災直後から複数の大学が復興のお手伝いに入りました。10年を経過した現在、村は復興したものの、高

都市デザイン

Fig.02 「関係人口」として祭りに参加。岩手県野田村にて

齢化や過疎化といった震災前からの課題は続いています。前述のように人口を増やすことはかなり難しいため「関係人口」を増やすという方向を模索しています。「関係人口」とは地域と多様に関わる人々のことで、定住したり観光で訪れる以外の方法で関わる人々を指します。大学の研究室という立場でまちづくりの視点から関わることも、この「関係人口」に含まれます Fig.02。そのようにつながりの輪を広げ、定住はできないけれども地域を支える、ファンを増やすことを目指しています。

### 地区スケールでの都市づくり
都市計画やまちづくりが「人々の暮らしの場をつくるもの」であることはすでに述べました。都市全体にはなかなか気が回らずとも、暮らしのベースとなる地区（小学校区ぐらいのご近所のスケール）のことは誰もが

気になるものでしょう。

地区の良好な環境を維持するため市民が中心となって議論をし、法律や条例にもとづいた地区の計画をつくり、建築物をつくる際のルールを決める。かつて開発が盛んな時代には、こうしたルールで地区を守ることが必要とされました。しかし前述の通り高齢化と人口減少が進む現在では、ルールで縛るよりも地区でのさまざまな活動を活発にしていくことのほうが重要になっています。大学の研究室もそうした地区での活動に参画して学生（若者）の視点からさまざまなアイデアを出し、地区の方々とともに実現に結び付けています。中野区弥生町の商店街における空き地活用やコミュニケーション・メディアとしての黒板設置 Fig.03、八王子市中町における中町花街散策マップの作成の事例のように、小さな一歩ではありますが研究室がお手伝いをした成果が出てきています。

Fig.03 商店街のコミュニケーション・メディアとして黒板を設置。東京都中野区川島商店街にて

# 都市をデザインする

遠藤 新

## 都市を再編する

ここでは、まちづくり分野の一つである「都市デザイン」に注目します。

都市デザインが対象とするのは、木陰があるような街角の休憩場所、建物と美しいまち並み、都市の骨格をなす道路と市街地、駅と周辺の大規模な再開発などその内容は多岐にわたります。ここで着目すべきは、その規模の違いです。規模が違うと、実現するまでの時間や周辺に与える影響などが異なることから、必要となる都市デザインの進め方も変わってきます。

たとえば身近で小さな場所ならば短期間のうちに、場合によってはDIYで1日や数時間のうちにつくり上げることができます。本書を読む皆さんの一人ひとりがその気になれば今すぐにでも都市デザインの当事者になることができます。都市においては小さな変化かもしれませんが、それを重ねていけば活気のある都市空間が生まれます。一方で、大規模なものは一度完成すれば長期間その場所にその状態で存在し続けるため、周辺地域や都市そのものに与える影響は予め慎重に考えねばなりません。だから専門家や自治体、地域住民など多くの関係者により、長い時間を掛けて事業内容が検討されます。

都市は歴史的な存在であり、全体としては時間を掛けて少しずつ変化しています。これに対して人は、現代の暮らしや楽しみ方に合わせて各場所を少しずつデザインし直し、あるいは将来のあるべき姿を見据えてゆっくりと都市の骨格をデザインしてきたのです。

## つながりをデザインする

都市デザインは都市を構成する要素をつくるだけでなく、要素間の適切な関係をつくることを大事にします。ある場所やエリアの「まとまり」もしくは「つながり」のデザインです。これは都市デザインが建築デザインとは異なる立ち位置から都市を見ていることに起因します。

たとえば現代は消費社会であり、さまざまな消費を促そうとする経済原理から建築も逃れることができません。そのため店舗やマンション、オフィスなど都市を構成する建築の多くは、人々の関心を惹き付けようとして、ほかの建築との差別化を重視したデザインになりがちです。これに対して都市デザインは、エリア全体のまとまり感をデザインすることを考えます。敷地単位での差別化による価値づくりではなくエリア全体での価値を生み出そうとするのです。

そのほかにも、たとえば歩行者空間は連続的なほうが歩きやすいため、道や広場など屋外空間の「つながり」をデザインしていきます。それにより都市の中に人の回遊が発生し、結果として都市の活力を高めることが期待できます。

都市ではさまざまな要素が個別バラバラに散在しているわけではなく、事象や要素が複雑に絡み合い、なおかつ過去の文脈を受け継いでいます。「つながり」や「まとまり」のデザインは、これら

**Fig.01** シンガポール市では建物の軒先を連続させて歩行者の回遊路としながら、人の居場所としても活用している

の関係性を丁寧に考えていく作業でもあります。

## にぎわいをデザインする

都市という場所に賑わいを求める人は多いでしょう。では都市における賑わいは、どのように生まれるのでしょうか。スウェーデンの建築家ヤン・ゲールが、この問いに対して一つのヒントを与えてくれます。彼は屋外における人の活動を三つに分類しました。一つは通学や通勤など目的が明確で義務的なものとしての「必要活動」、二つ目は天気の良い日に屋外のテラスで食事をする、散歩に出かけるなど、居心地の良い環境があり、時間が許すことから生じるものとしての「任意活動」、そして三つ目は人と人が同じ場所や時間を共有することから生じる「社会活動」です。この「社会活動」が、多くの人が想像する

都市デザイン

「賑わい」のイメージにもっとも近いかもしれません。

必要活動は、その当事者にとって必要性が高いことから、屋外の状態の良し悪しに関わらず発生します。人は必要活動の目的に対して行動を最適化する傾向があり、そこから他の活動は派生しにくい傾向にあります。一方で任意活動は、その当事者にとっての必要性というより、屋外の空間の質が高いことが主な契機となって、その場所において引き起こされる傾向の強い活動です。空間の質が高ければ高いほど、その活動時間が長く、種類が多くなるといわれています。そして社会活動は、人と人が同じ場所に顔を合わせることが発生の必要条件となります。

必要活動は外的要因によるコントロールはしにくいが、任意活動はたとえば空間の質を高めるようなデザインによって誘発することが可能であり、そしてある場所に任意活動としてより多くの人が長く滞留する状況が生じれば、それだけ社会活動の発生可能性が高まる傾向があるようです。

たとえば繁華街の賑わいには、目的としての買物だけでなく、久々の休日を楽しむとか、その場所で友人との会話を楽しんでいる人々の姿も含まれているのではないでしょうか。これはヤン・ゲールが言うところの任意活動やそこから派生する社会活動です。これらの屋外活動は、質の高い屋外空間をデザインすることで発生可能性を高めることができるのです。

建築などの物理的な空間をデザインするだけでなく、空間のデザインを通して、そこでの人の利用や活動など都市の状態をデザインすることも、都市デザインでは考えていきます **Fig.01, 02**。

この原稿を執筆している現在、世界の都市には新型コロナウイルス感染症が蔓延しています。日本の都市では三密の回避が社会的関心になっています。人々が集まって賑わいを楽しむための場所を、これからの都市ではどのようにデザインしていくのか。都市デザインの新しい課題として、われわれは考えなくてはなりません。

───────

### 「空き」をデザインする

日本の人口は年々減少し、都市には空き家や空き地が増え始めています。一昔前の都市づくりでは、空き家や空き地は次の都市開発が生じるまでの過渡的な状態であり、早期に建築利用すべきものと考えてきました。しかしこれからの日本では都市の空き家や空き地には新たな建築をつくろうとする人が現れず、空き状態

Fig.03 「カナドコロ」（神奈川県川崎市、管理運営：工学院大学遠藤新研究室、計画・施工・設計：工学院大学遠藤新研究室、ロスフィー）。市街地の空き地を緑の豊かな地域の広場として利用する試み

が続いていくのかもしれません。従来の人口規模に対応するようつくってきた都市から、一定の人口がいなくなってしまえば、利用しきれない土地や建物が生じるのは当然といえば当然です。ならば都市デザインも、一昔前からは考え方を変えて、新しい方向性を模索する必要があります。空き家や空き地など都市に生じた「空き」を資源として、「空き」に価値を見出し、「空き」を活かした利用を徹底する、あるいはその利用や影響が地域へと展開するような都市デザインです **Fig.03**。

たとえば緑や自然の場として、ほかの生き物のための場所を設けてはどうでしょう。防災時に役立つ空地となるかもしれません。農園や菜園など都市の外に広がっている土地利用を都市のなかに取り戻していくのも良さそうです。空き家や空き地を資源としたさまざまなアイデアの実践を通して、人と都市の関係を再考することも、今後の都市デザインの課題だといえます。

Fig.02 人が集まりやすく、居心地良く過ごせるようデザインされたメルボルン市の「パーク・ストリート」

# 行政的視点で
# まちづくりを考える

星 卓志

### 行政的視点で考えるとは

概論でも述べているように、まちづくりの取り組みにはじつに多様なスケール、テーマがあります。ではまちづくりには、どのような立場の人びとが関わることになるでしょう。もちろんまちで活動しているおよそすべての人が住む・働く・学ぶなどで関わるのは間違いのないことですが、そのような多くの人びとの価値観・意見を集約し、まちづくりを「推進する」ことを仕事として、あるいは専門性をもって担うという意味で関わる人がいます。

たとえば「都市計画コンサルタント」という仕事があります。都市計画・まちづくりに関する高度な専門知識や専門技術をもち、行政機関やまちづくり団体などを支援して、さまざまな調査や計画づくり、住民合意形成などを担う仕事です。あるいは民間の不動産会社が主導して、まちを大きくつくり変える市街地再開発という事業を担当するというようなこともあります。

市役所や町役場など行政機関としての地方公共団体も、まちづくりの主要な担い手です。筆者自身は2013年3月までの28年間、札幌市役所の職員としてまちづくり関係の仕事をしていました。そのような背景があるため当研究室の研究テーマの多くが行政的視点に立ったものになっています。

### 都市構造を構築する

概論で触れている「都市構造を構築する」ことは、行政機関が主に担うことです。将来の人口や経済活動のありさまを予測し、その将来に向けて住宅地・商業地・工業地を、どこにどの程度の規模・形態でつくるべきか、それらを結ぶ交通網をどのように配置するかについて都市の全体像を描き、それをさまざまな手法を使って実現していこうというものです。

20世紀の後半は都市の人口が急速に増加する時代でしたから、新しい住宅地などを急ピッチで整備する必要がありました。その時代には、この都市構造を構築する取り組みが、まちづくりのもっとも重要なテーマだったと言えます。

ところが21世紀に入り、国内の多くの都市では人口が減少し、少子高齢化の急速な進行に直面しています。そのようななかにあっては、将来的に人口がさらに減るという前提で、人々がそれでも幸せに暮らせる都市のあり方がとても難しく、そして極めて重要な課題になっています。私たちは現状の都市の分析を通して、実現可能な都市構造のあるべき姿を描く研究に取り組んでいます。**Fig.01**は、そうした研究の一貫で行った人口変化の分析です。

今後は新型コロナウイルス感染症拡大収束後の、新しい生活様式のなかでの都市構造というものも、とても大きなテーマになります。

### 都市計画法制のあり方を探る

日本にはおびただしい数の法律がありますが、都市空間の形づくりに大きく影響しているものとして、都市計画法と建築基準法があります。そのほかにも関連する

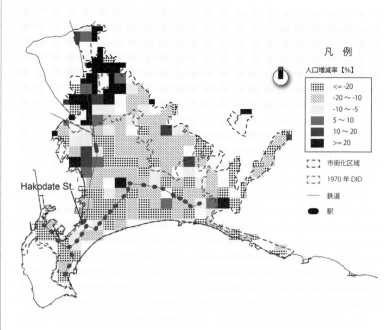

**Fig.01** 函館市の人口増減率の分布（2000−15年）

凡 例

人口増減率【%】

□ <= -20
▨ -20 ～ -10
▧ -10 ～ -5
▨ 5 ～ 10
■ 10 ～ 20
■ >= 20

▢ 市街化区域
▢ 1970年 DID
— 鉄道
● 駅

Hakodate St.

都市デザイン

法律が数多くありますが、この二つがもっとも中心的なものです。全国の地方自治体はこれらを活用し、より良いまちにしていこうと常に努力しています。私たちは刻々と変わる社会状況への対応を考慮しながら、あまり変化しない法律がどのように使われているかを調査し、「なるほど、そういう使い方があるか!」と発見し、さらに効果的な使い方はないか、さらにはより時代に合った仕組みにするべきではといったことについても調査研究を行っています。

———

**人のための公共空間を創出・活用する**

概要でも述べていますが、近年ではまちなかの公共空間、つまり歩行者が自由に使える場を充実させるための取り組みが急速に広がっています。自動車には少し遠慮してもらうことにして歩道を広げたり、規制緩和によって公園や広場などで、よりさまざまな活動を行えるようにするといったチャレンジが全国で展開されています。

**Fig.02**は札幌の地下鉄南北線大通駅のコンコースを滞留空間にしたものです。単に人が通過するためだけの空間に、ハイテーブルやベンチ、テーブルなどを設置したものです。たったこれだけのことで、休憩する・軽い食事をする・パソコンを広げて短時間の仕事をする・荷物の整理をする・デートの途中に立ち止まっておしゃべりをするなど、じつにさまざまなアクティビティが繰り広げられるようになっています。

**Fig.02** 「大通交流拠点地下広場」(札幌市中央区、2016年)

こういった人のための空間を、まちなかでどのように充実させていくかということも、私たちの重要な関心テーマです。

———

**エリアマネジメントを促進する**

エリアマネジメントとは都心部などの一定の地区において住民・事業者・各種団体など多様な人々が一つのまちづくり組織をつくり、まちの魅力を高めるためのさまざまな活動を展開していくことです。まちを上手に使いこなすための取り組みもでき、近年とても盛んになっています。

前述のまちなかの公共空間を活用することなどはエリアマネジメント活動の典型的なもので、実際に多くの人がそのエリアに惹き付けられています。

エリアマネジメントは民間の自発的な活動によるものですが、行政と協力・信頼関係を築くことによって活動の幅が広がります。行政にとってもエリアマネジメントを促進することが、今後ますます重要になっていきます。

———

**行政の立場**

行政機関というものは、そのまちの住民がより幸せに暮らしていけることを目的に仕事をしています。そのため強力に私権制限を行う都市計画法や建築基準法の運用を担う「権力行政」を行っています。このことは快適で安全、安心できる暮らしのために必要なことではありますが、まかり間違うと市民に重大な不利益を与えることにもなりかねません。

その意味からも行政的視点とは、すなわち公平で公正であることを強く意識したまちづくりへの眼差しでもあるのです。

# 2 ランドスケープデザイン

# 家に庭｜
# 都市にランドスケープ

ランドスケープデザインは、地域の個性を活かしながら公園や街路、広場など都市の外部空間をデザインする分野です。建築本来の役割が外部環境と人間を「隔てる」ものだとすると、ランドスケープデザインは外部環境と人間を「つなぐ」ものだと考えてもよいでしょう。量的な充足をめざしたまちづくりから、人間と環境にやさしいまちづくりへの変革が求められている現在、ランドスケープデザインの果たすべき役割が期待されています。

### 「セントラル・パーク」の意義

　おそらく庭は人類が初めて家をつくったときから存在していたと思われますが、ランドスケープの歴史は比較的新しく、1858年にアメリカ合衆国の造園家・都市計画家フレデリック・ロー・オルムステッド(1822−1903)が、「セントラル・パーク」の設計競技で選ばれたのがその始まりとされています。オルムステッドの案は広大な芝生広場を中心とした今では何の変哲もないものでしたが、これは当時、画期的なことでした。すなわち当時のニューヨークでは急激な人口増加により多くの市民が狭小なアパートに住んでおり子どもたちには遊ぶ場所もない状況でした。オルムステッドは、それまでの都市の緑地は基本的に「庭」であり、一部の人々の鑑賞の対象に過ぎなかったのに対し、あらゆる人々が利用できる緑地として「セントラル・パーク」を提案したのです**Fig.01**。庭が基本的に「個人（プライベート）」の趣味趣向の世界であるとすれば、ランドスケープは、「都市住民（パブリック）」の「生活の質」を高めるための空間なのです。

### 近代の都市美を創出する

　中世の都市は、通常、教会と広場を中心として、あ

る時代の一定の地域の建築様式による建築によって形成されています。つまり中世の都市美は、その都市構造と建築様式の美しさであると言ってよいでしょう。しかし近代の都市では、中心と呼ばれる地域は刻々と移ろい、また建築デザインも個人の好みや時代の流行で一定の様式を形成することはありません。近代の都市は、いわば経済原理や個人主義が色濃く表れた空間と言ってよいでしょう。

　ところでイギリスの経済誌『エコノミスト』が毎年発表する"世界でもっとも住みやすい都市"ランキングで、これまで何度も1位を獲得しているのが、オーストラリアのメルボルンです。メルボルンは水と緑に溢れた美しい近代の都市です。ヤラ川が都市の中心に流れ、ボート・ジョギング・サイクリング・BBQ等、市民の日常的なレクリエーションの場として利用されています**Fig.02**。おそらくメルボ

**Fig.01**「セントラル・パーク」の芝生広場

**Fig.02** メルボルンとヤラ川

ルンは豊かな水と緑を都市の骨格に据え、近代の経済原理や個人主義を緩和し、また身近な余暇空間としても利用することで"住みやすい都市"としての地位を確立したのではないでしょうか。近代の都市において河川や道路等の都市施設を計画的に整備し、都市美を創出することも、ランドスケープデザインの大きな役割です。

───────

### 高度経済成長期のランドスケープデザイン

20世紀中盤以降、多くの先進国では経済成長を背景として、地方から都市への急激な人口流入が起きました。都市の縁辺部には都市で働く労働者のための住宅が大量に整備され、「郊外（suburb）」と呼ばれました。日本ではとくに1955年に日本住宅公団が設立されて以降、急速に郊外化が進展しました。郊外は通常、里山や農地、あるいは埋立地を大規模に造成してつくられます**Fig.03**。ランドスケープデザインは、この過程で、道路や公園、その他の都市施設を計画的に配置し、水と緑に溢れた住環境を創出するために大きな役割を果たしたのです。

高度経済成長期には、郊外のほか新都心や学園都市、リゾート開発等も盛んに行われ、その環境整備においてもランドスケープデザインが大いに活躍しました。しかし今から振り返ってみると、当時は環境問題に関する認識も十分でなく、また余りにも急激な整備が行われたため、地域固有の歴史や自然を蔑ろにした開発例も少なくありませんでした。またこのような開発では自動車を主要な交通手段とし、エネルギー多消費型の

**Fig.03**「多摩ニュータウン」（開発：日本住宅公団、1971年）。
開発当初の様子

ライフスタイルを前提とするようなデザインも多かったのです。つまりこの時代のランドスケープデザインは、人間にとって快適で魅力的な環境を整備することが主な役割だったのです。

21世紀に入り、人と地球環境に優しいライフスタイルが求められています。ランドスケープデザインの果たすべき役割も単に人間にとって都合のよい環境を整備することから、地域の個性を尊重し地球にストレスを与えない環境を創造することに移行しつつあるのです。

───────

### 灰色の社会基盤から緑のインフラへ

では地域の自然環境特性や土地の履歴など、地域の個性を尊重し、地域と地球にストレスを与えない環境を創造するためのランドスケープデザインは、これまでとどう違うのでしょうか？ その答えの一つとして着目されている考え方がグリーンインフラです（以下GIと略します）。地球規模の環境変動により、わが国でも観測史上初となる記録的な豪雨や自然現象が発生し、道路や河川、下水道など灰色のコンクリートでつくられた社会基盤だけでは"対応しきれない"自然災害が生じています。公園緑地やオープンスペースの雨水貯留・浸透機能を活かし、集水域全体で治水機能を高め災害に総合的に対処するなど、GIとしてのランドスケープデザインは、新たな社会基盤を構築するうえで中心的役割を担うことが期待されています。

こうした取り組みには土木・都市計画・建築などとランドスケープデザインが分野の境界を超えて計画設計していくことが不可欠です。ランドスケープデザインの特徴や役割を、どう説明・主張できるでしょうか？

───────

### 「ゆっくりつくりつつ、素早く対応する」

ランドスケープデザインの主要な材料の一つは植物です。建築と異なり、植物は工事完了後に成長します。この成長の基盤を土地の特性を把握してしっかりとつくる工夫、さらにその成長のタイムスケールと人の手による管理をうまくバランスさせる手法がランドスケープデザインだと言えます。一方、最近ではさまざまな環境

変化に対しどう応答するか？ シミュレーション技術を応用した科学的な検討・検証も重要度を増しています。

———

### 「多面的に評価しつつ、一つの価値を極める」

一つの基準（たとえば音を遮断する効果）だけに着目すれば、森や樹木などよりも工業製品が優れていることはありえます。ランドスケープデザインでは、緑の資質や価値を自然環境・景観・文化・快適性など、多面的複合的に評価することが重要となります。自然災害に備える防災緑地などでは、洪水や津波を真っ向からせき止めるのではなく、受け流し「いなす」ことが重要だといわれています。そうした考え方はすでに歴史のなかで取り組まれ、結実しています。たとえば京都桂離宮庭園では、桂川沿いに生える竹を生きたまま曲げて編んだ「桂垣」が洪水の流れから「ごみ」を梳き取り、水だけを庭園内の池へと引き入れます。庭園の建築は、池の水位が上昇しても浸水しないよう高床のプロポーションをもっています。これらは自然環境のなかで、建築・ランドスケープデザインが多面的な機能を満たしながら、総合的な芸術として価値を高めた取り組みと言えるでしょう。

オープンスペースの機能や価値は「建築物が建っていないこと」、言い換えれば、将来多様な機能を受け入れることができる「空地（くうち）」としての価値でもあります。あるべき／そうでない場所の見極めによっては、建築を建てない選択肢がランドスケープデザインからの回答となるでしょう。

———

### 緑が多ければ都市は豊か？

さらに最近では、ランドスケープデザインに限らず多くの公共空間への取り組みの姿勢が「人のためから自分のために」「受けとるから生み出すへ」と移行しつつあります。

第二次世界大戦後、日本の都市では公園や緑の量・面積確保を目的に計画が進んできました。「緑被率」といった用語で計測され、近隣住区理論にもとづいて公園利用の「誘致圏」が想定され、多くの人が均等に利益を受けられるように都市公園が整備されました。その結果、今、私たちの身のまわりにはある程度公園緑地が確保されています。では公園がたくさんあれば、緑地が広く保全されれば、豊かで質の高い生活ができる都市になるのでしょうか？ 少子高齢化社会を迎えた現在、高度経済社会の考え方から抜け出し、緑の質、生活の豊かさを求めてランドスケープデザインは変化しています。

これまで「児童公園」と呼ばれていた公園は「街区公園」となり、特定年齢層の利用を目的とするのではなく、幼児からお年寄りまで幅広い年齢層の近所の人々が落ち着いて使える多面的な価値の公園へと舵を切りました。

さらに今では公園緑地は自治体・公共団体が用意してくれるという発想から、民間の資金や知恵により、またコミュニティが自発的に整備管理しつつ新たな質を求めるようになりました。普通の公園では多くの人がサービスを均等に受けるのに比べ、特定の人々が恩恵を受けるかもしれない……たとえば普通の公園では禁止されている行為を「自由に」できる反面、利用者はその責任をきちんと担うように仕組みをつくるなど、「個人（プライベート）」ではなく「自由」への対価として自ら責任感をもつ新たな「都市住民（パブリック）」が主役の時代へ移り変わっています。

2020年の新型コロナウイルス感染症蔓延による生活習慣の変化は、建築都市とランドスケープデザインの「内外の関係」も一気に刷新しました。外部環境と人間を「隔てる」建築の役割も外部環境と人間を「つなぐ」方向へと、ランドスケープデザインに近づいています。After/withコロナの時代に求められている建築とランドスケープの新たな関係を築くために、私たちは「多様であると同時に固有であること」を強く意識すべきと考えます。ランドスケープは建築に呼応していかようにも多様になりますが、決して無秩序にではなく、土地の特性や関係性に応じて、植物が土地に根付くように生み出されていくべきでしょう。

———

[下田明宏・篠沢健太]

# 失われた風景を求めて

下田明宏

## 江戸の都市景観に学ぶ

ローマやパリのような西洋の都市が自然を徹底的に排除しつくられていたのに対し、江戸は自然の侵入に対して極めて寛容な都市でした。水と緑に溢れた江戸の都市空間は江戸末期から明治初期に来訪した外国人たちを驚愕させたばかりでなく、生態学的にも健全な都市でした。一言でいうと、江戸は庭園のような都市であり、また当時の日本の都市は概して似たようなものであったのです**Fig.01**。

しかし明治以降、日本人は庭園のような都市は近代国家に似つかわしくないものと考え、先人たちが営々と築いてきた地域の個性的な風景を次々に破壊していくのです。現在の日本の都市景観が必ずしも対外的に自慢できるようなレベルにないのは、このような歴史的な背景があるからかもしれません。

私たちは自分たちがもっていた風景の素晴らしさを再認識し、これまで安易に壊してきた風景を少しずつでも地道に修復していくべきではないでしょうか。以下に私の研究室で取り組んだ「風景の修復」の具体的な例を二つご紹介したいと思います。

———

## 風景の修復「アマネム」

風光明媚な英虞湾の一角にある、全室がヴィラタイプの高級リゾートがアマンリゾートが経営する「アマネム」（三重県志摩市）です。「アマネム」の建設地は、日本を代表する楽器・スポーツ用具メーカーであるヤマハが60年代に開発したリゾート「合歓の郷」です。「合歓の郷」はゴルフ場、ホテル、音楽ホール、マリーナ、テニスコート、ゴーカート場など、高度経済成長期の日本人に新しい時代の「遊び」とは何かを啓蒙した画期的なリゾートでした。

ところで建設地周辺には、白い壁とスペイン瓦の地中海風のリゾートや別荘がやたらと目に付きます。おそらく当時の日本人にとって遊びとは、見たことも行ったこともない地中海のような空間で休日を過ごすこと、つまり非日常体験を意味していたのでしょう。「合歓の郷」も同様で、

**Fig.02**「アマネム」
（ケリー・ヒル・アーキテクツ、2016年）。緑に囲まれた静かなスパ施設

真っ白なホテルを中心に、自然林を伐開してゴルフ場をイメージした広大な芝生広場が造成されていました。

しかし本来、非日常体験とは何のことでしょう。普段ツクリモノのなかで生活している都市生活者にとって、非日常体験というのはツクリモノの地中海を体験することではなく、自然であれ歴史であれ、ホンモノのなかでリセットされることではないでしょうか。建築を担当したケリー・ヒルはこのリゾートの建築スタイルには日本の古民家がふさわしいと言い、私は「風景の修復」を提案しました。老朽化したスポーツ施設や宿泊施設は撤去して本来あるべき常緑樹の森に戻し、また芝生の代わりに日本文化に馴染みの深いススキやササを植栽しました。もっとも劇的に変貌したのは、スパ施設です。緑に囲まれた静かなスパ施設が、かつてはゴーカート場だったと誰が想像できるでしょう**Fig.02**。

黒い板壁と瓦屋根のヴィラは周囲の景観に溶け込み、ほかの地中海風リゾート施設とまったく異なるものとなりました。日

**Fig.01**「江戸一目図屏風」（鍬形蕙斎、1809年）

本の伝統的な風景と古民家をテーマにしたリゾートが、伊勢神宮にも程近い志摩の地でもっとも異質なものとなったとは何とも皮肉ですが、現在アマネムは全世界に展開するアマンリゾートのなかでももっとも稼働率の高い施設となっています。

―――

**まちの経済の活性化に寄与「デッコハウス」**

私たちは少子高齢化に悩む地方自治体の再生を研究課題の一つとしています。この問題に対処するさまざまな試みのなかでも、空き家を活用したバケーションレンタルはまち並み景観を物理的に改善するとともに、都会や海外からの来訪者に一年を通じて地域の自然や生活文化を楽しんでもらいつつ、まちの経済の活性化にも寄与する魅力的な手法と考えています。ちなみにバケーションレンタルと

は、リゾート地にあり所有物件であるものの、オーナーの非使用時には賃貸できる別荘のことをいいます。

「デッコハウス」(千葉県御宿町)は、もともと1983年に建てられたものです。2016年に所有者が死去してからしばらく空き家となっていましたが、2018年8月から私たちがこの家をバケーションレンタルとして改装することになりました。デッコハウスとはこの辺りが砂浜に向かって小さな高台となっており、地元の方々が「デッコ(おでこ)」と呼んでいたことから名付けたものです。

改装工事では、風景の修復が実現するよう建築総体として地域の自然や生活文化が伝わるように努めました。建物外周に置かれていた室外機器類は外から見えない位置に移動し、代りにツワブ

キ・ノシラン・ヤツデ等、海浜部の植物を植栽しました。デッコハウスの外壁の色は、御宿町の伝統的な漁家に見られる杉板下見張りの外壁の濃茶色に倣ったものです**Fig.03**。また駐車場のまわりには、この地方の伝統的なマキの生垣を配置しました**Fig.04**。内装ではかつて厨房や寝室、居間にあった収納や、造り付けのキャビネットを撤去し、広々とした空間を確保しています**Fig.05**。

風景の修復は地域の個性的なまち並み景観をつくるだけでなく、観光資源としても大切で、まちの活性化につながるものです。これからいよいよ、「デッコハウス」の運用が始まりますが、内外からの来訪者に、御宿町の自然と生活文化を存分に堪能していただけるものと期待しています。

**Fig.03**「デッコハウス」
(改装設計:下田研究室、2018年)。
ファサードの改装前・後

**Fig.04** 駐車場まわりの改装前・後

**Fig.05** 内装の改装前・後

ランドスケープデザイン

# 土地の特性から ランドスケープデザインを、 まちを考える

篠沢健太

**土地に「潜む」特性を読み解く**

ランドスケープデザインは対象空間のスケール・規模が変化するとその内容も変化していきます。たとえば住宅と庭、ビルと公開空地、まちと公園、都市とオープンスペース・緑地など……。私たちはこうしたさまざまなスケールで建築や都市計画が生み出す「内部空間」に対して、豊かな関係性を生み出す「外部」を形づくることを目指しています。

こうした内外の関係は私たちの生活の基本であり、その関係性を豊かに生み出していくためには、すでにその場所に存在している関係をきちんと把握しておく必要があります。たとえば樹木1本植える場合にも、新たに植えようとする木がその場所に生育できる樹種か? すでにその土地に生えているほかの植物とともに生活できるか? を判断しなければなりません。ランドスケープアーキテクトは土地に潜んでいる「特性」を読み解こうと試みます。

そうした特徴の多くは私たちの日常生活では見過ごされています。でも気をつけて風景を見、そこに隠れているルールや仕組みを理解できるようになると土地に隠れていた「潜在的な」特性が私たちに語りかけてくれるようになります。ランドスケープデザインは空間を形づくるのみでなく、新たな関係を生み出すデザインとも言えます。

---

**うつろいゆく森とその管理**

建築は柱や壁などの構造により支えられ、それを理解するために大学では構造力学を学びます。ランドスケープデザインを支えている見えない構造は、「生態学」が教えてくれます。

建築は建物が竣工完成した時点が最終形ですが、ランドスケープデザインでは植物は植えて工事が終わってからも成長が続くことから、最終的なデザインの完成は未来に委ねられます。では植えたときと同じままの状態に保つのが良いことでしょうか? 優れたランドスケープデザインの作品は、将来どのように変化していくのかその将来像をイメージし、デザインしています。それは小さな庭の場合には1本の木の成長かもしれません。公園や大きなオープンスペースなどでは、森の成長──植生遷移──をも視野に入れ、デザイン・計画しています。ランドスケープデザインは「時間のデザイン」でもあるのです **Fig.01**。

一方、庭の芝生を放ったらかしにして雑草が生え、あるいは藪になって荒れてしまった……。これもまた、ランドスケープデザインの対象と言えるかもしれません。庭や森の"手入れ"のことを「植生管理」といいます。この植生管理は先ほどの「植生遷移」の裏返し、つまり森や原っぱが自然のまま成長していくのを人が防ぐ手立てです。ランドスケープデザインは、木を並べて植えること……ではなく、それらが自然の力で変化していくことを予測して適切に手を入れながら調整しつつその形を維持する……何か動いていく柔らかいものを優しく、ときにきっちりとバランスを取る、そんなデザインなのです。

**Fig.01** 「新庄市エコロジーガーデン『原蚕の社』ランドスケープの調査」(2002年)

言葉で述べると難しそうですが、その仕組みは、皆さん一度は見たに違いない宮崎駿監督の映画「となりのトトロ」に隠れています(宮崎アニメにはじつは生態学の要素がいっぱい詰まっています。皆さんは知らぬ間に生態学の勉強をしているのです)。ドングリを芽生えさせ、樹木を成長させるトトロの力と、畑を耕し水田に稲を植え、道路に轍をつくる人間の力の関係は、物語の背景にずっと存在しています。とくに株立ちの雑木林の風景のなかを主人公たちが移動するシーンは、遷移を進める自然の力と人間による管理のせめぎ合いに気づかせてくれます。

2017年には学生たちとともに「第34回全国都市緑化はちおうじフェア」に参加して、庭をつくりました **Fig.02**。周囲ではきれいな花々が植えられ、そして次々に植え替えられていくなかで、あえて"雑草"が茂った草むらの庭を出展しました。そ

ランドスケープデザイン

こには人の管理の手を離れた自然の草地もランドスケープデザインの対象であることを、そして植えた後の管理のやり方によって時間と状態をデザインできるという意図を込めました。草をかき分けた先にある、子どもたちしか知らない秘密基地。きれいな花壇と一見荒れたように見える草っぱらは、自然の力と人間の「力の調整」という、ランドスケープデザインのなかでは同じ軸線上に並びます。どちらの力を優勢にするか? その判断と力の強さや方向をアレンジすること。この「調整」が私たちの仕事であり、ランドスケープの活動の基本になっています。

————

**多様性と持続性と「適材適所」**

われわれは地球規模での環境問題を体感せざるを得ない時代に生きています。地球の問題をわがこととして理解し生きる

ことはこれからの社会人の義務でもあります。SDGsなどに代表される環境配慮と目標像は常にランドスケープデザインのミッションであり、一つの敷地・建物を考えるうえでとても重要です。しかしそうした目標、たとえば「生物多様性を高める」を一時的に実現するのは、じつはそれほど難しくはないのです。しかし持続しない。「持続可能」な多様性、目標実現には「適材適所」の考え方が不可欠です。ランドスケープデザインにおける適材適所の基本は土地のポテンシャル(潜在能力)を考えること。自然環境特性と人との関係の履歴を読み解き、その上に構築し、調整しようとする「力」関係をその土地が支えられるか? 場合によっては、その土地が建築を建てるにはふさわしくないと、主張する責任も負わねばならないのです。

ランドスケープデザインとは美しい

外部空間を生み出すことにとどまらず、常に場所の読み取り、うごめく自然への人間の営みの調整・関わり方の判断、適材適所の発想から地域を見据えた計画的思想により成り立っています。そのことはいくつもの場面で"ランドスケープ的"な結果を生み出しています。たとえば東日本大震災への私自身の取り組みでは、復興を祈念し記憶を継承するための国営公園の空間デザイン **Fig.03** から、原発事故により帰還困難となった福島県浜通りの12市町村の「環境世界」を描き出そうとする「福島アトラス—原発事故避難12市町村の復興を考えるための地図集制作活動—」**Fig.04** の活動まで、方向性や表現系は大きく異なっています。しかしその振れ幅の扇の要には、上記のような基本姿勢があるのです。

**Fig.02**「追景のいえ」
(工学院大学篠沢研究室
第34回全国都市緑化はちおうじフェア出展作品)

**Fig.03**「国営高田松原津波復興祈念公園」
(プレック研究所・内藤廣建築設計事務所、2019年)

**Fig.04**「福島アトラス」
(特定非営利活動法人
福島住まい・まちづくりネットワーク)

# 3 安全・安心まちづくり

高さ20mにも及んだ津波被害後の宮城県女川町（2011年3月29日撮影）

# 安全・安心なまちとは？

建築・まちは震災・火災・水災・風災などのさまざまな災害や、空き巣や放火などの犯罪に対して安全・安心性が求められます。そのためには地震の揺れや崖崩れ・液状化などの地盤災害、延焼火災の危険性、洪水や高潮等による浸水、犯罪率などの地域固有の危険性を理解し、耐震・耐火・耐水など被害をできるだけ低減させるハード的な対策とともに、仮に被害が生じても自助・共助・公助により柔軟に対応できるソフト的な対策の推進が求められています。

Fig.01 阪神・淡路大震災による神戸市長田区の被害の様子（1995年）

### さまざまな災害による地域の危険性を知る

関東大震災（1923）、阪神・淡路大震災（1995）、東日本大震災（2011）など過去の震災では強い揺れによる建物倒壊や土砂災害・延焼火災・巨大津波・原発災害や中心市街地の帰宅困難者による大混乱など、従来の想定を超える大災害が次々に発生しましたFig.01。さらに近年では地球温暖化等により大規模な洪水・高潮や土砂災害などの大災害が毎年のように発生しています。安全・安心な建築・まちをつくるには単に建築基準法などの最低基準を守るだけでなく、そ

の地域に固有なハザード（危険性）を調べ、建物のオーナーや住民と相談しながら有効な対策を行う必要があります。そのためには過去の建築・まちのさまざまな災害を知ると同時に、将来に備えて震災・水災・土砂災害などさまざまな被害想定図やハザードマップの調査、さらに地盤調査を行うなど、地域のハザードを十分に理解することが対策への第一歩になりますFig.02, 03。

### 安全・安心でレジリエントな建築・まち

地域のハザードを理解した後は、建築・まちに想定される危険性（リスク）をできる限り小さくし、かつデザインや快適性などの有益性（リターン）を最大化する対

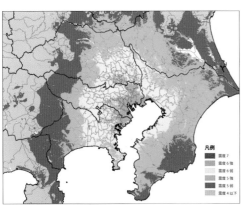

Fig.02 想定首都直下地震（M7.3都心南部直下地震）による
震度分布（内閣府、2013年）

Fig.03 想定最大規模の首都圏の洪水浸水想定区域

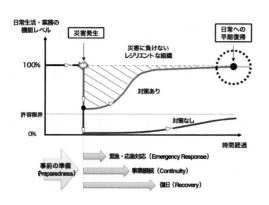

**Fig.04** 災害に対するレジリエンスの考え方（増田幸宏、2015年）

策を行います。とくに近年は従来の想定を凌駕する震災・風水害が続発しており、可能性はわずかでも地域に生じうる最大級で最悪な災害（たとえば数千年に1度の確率で生じる災害など）も想定した対応が求められています。そして被害をできる限り低減させる対策と、仮に被害が生じても対応できる仕組みを整えて、速やかに復旧・復興を可能にする「レジリエントな対策」が有効です**Fig.04**。レジリエントとは強靭性や復元性などと訳されていますが、いわば「できるだけ失敗しない対策」と「もし失敗しても対応できる対策」、さらには「その失敗から教訓を学び、さらに強くなる方策」を可能にするハード・ソフトの融合による安全・安心対策を意味します。

───────

**事前の被害低減策（ハード的対策）**

　さまざまな災害から建築・まちを守る対策として、まずは建築・まちに被害を低減するためのハード的な対策を行います。建築のハード対策の例として、地震の強い揺れに対しては建物や室内・設備等の耐震

化**Fig.05**、地盤災害に対しては地盤改良、火災に対しては耐火構造と煙・火災探知機や消火施設、火災や煙の広がりを防ぐ防火区画、避難のための非常階段などの設置、浸水に対しては土地や建物の嵩上げ**Fig.06**、防水・排水設備の設置などです。一方まちのハード対策としては、震災・火災に対しては道路の拡幅や公園等を設ける区画整理事業や、高層マンションなどの耐火建築による延焼遮断帯の整備、津波や洪水・高潮には堤防や防潮堤などの土木的な施設と並行して、排水を減らす緑化や貯水タンクなどでの保水、浸水に備えた水害時避難ビルや避難場所・避難路の整備などを行います。

───────

**事後の対応・復旧策（ソフト的対策）**

　どんなに高度なハード的な対策を行っても、想定を超えれば被害は必ず発生します。したがって、被害の状況に応じて柔軟に対応できる自助・共助・公助によるソフト的な対策は必須になります。たとえばまず自宅や会社周辺の危険あるいは役に立つ場所・モノを、さらには地域の避難場所や避難所、そこに至るまでの安全なルートを確認し、安全点検マップをつくります。できれば自治会など地域住民が連携して地域点検マップを作成すればより効果的です**Fig.07**。次に家族や会社・学校等の構成員による自助と、地域の住民や事業者が連携した共助による災害時の対応体制を確認し、地元自治体と連携して地域特性を考慮した防災訓練を実施します**Fig.08**。その際、大規模な災害時は無数の被

**Fig.05** 熊本地震（2016年）の活断層直上（赤点線）の家屋。高い耐震性により建物はほぼ無被害

**Fig.06** 台風19号（2019年）による多摩川氾濫で浸水したが、嵩上げの土地・建物はほぼ無被害

Fig.07 地域住民と工学院大学で作成した
地域点検マップ（東京都北区上十条5丁目地区）

Fig.08 発災対応型訓練の様子。
火災発生の看板に対応し、速やかに消火器と
バケツを集約する訓練を行なっている

Fig.09 東日本大震災（2011年）の際、
新宿駅周辺の帰宅困難者に工学院大学は
一時滞在用として施設を提供

Fig.10 東京都の住宅地の落書き被害の例。
地域環境の悪化は犯罪を誘発するため、
住民活動が重要

Fig.11 地域事業者・大学・建築士等による
コミュニティー活動の例。
新宿駅周辺地域の防災訓練の様子

Fig.12 地域住民のコミュニティー活動の例。
高層マンションにおける
発災対応型防災訓練の様子

害が同時発生するために、被災直後には公助はほとんど期待できないことに注意が必要です。「自分の家や会社、まちは自分たちで守る」が大原則になります。

———

### 巨大都市と「逃げる必要のない建築・まち」

巨大都市では人口の集中と高層化・高密度化が進み、従来は人が住まなかった低地や湿地、崖地が宅地とされたり、広大な地下街・施設が建設されています。その結果、大規模な震災・水災時には、建物やライフライン（電気・ガス・上下水道・通信など）の被害に加えて、公共交通の停止、大渋滞、膨大な数の避難者・帰宅困難者の発生等により都市機能は麻痺状態になると考えられています **Fig.09**。さらに延焼火災や大勢の負傷者・要救助者が発生して速やかな対応は極めて困難になり、避難スペースや水食糧が不足し、流言飛語・群衆雪崩・パニックの発生など、次々と災害が連鎖する大規模な「複合災害」の発生が懸念されています。このため自宅や職場の建物には高い耐震・耐火・耐水性をもたせ、十分な備蓄を準備してできる限り在宅・在勤避難を可能とする「逃げる必要のない建築・まち」の実現

が求められています。

———

### コミュニティと防犯・持続可能性

レジリエントな建築・まちは自然災害に強いだけでなく、空き巣や放火などの日常的な人為的災害にも対応できます **Fig.10**。防犯には建築的に外部者が侵入しにくくするなどの防犯設計を行い、照明や防犯カメラの設置、開放的で人目が届きやすい道路や公園の設計等の建築・まちのハード対策が有効です。さらに重要なのは住民自身によるソフト対策であり、コミュニティ活動（清掃・環境改善・防犯・防災活動やお祭り等のイベント）が活発であることです **Fig.11,12**。建築・まちは単に建設して終わりではなく、その持続可能性が重要です。安全・安心な建築・まちとは、単に建物やまちが災害や犯罪に対してハード的に強いだけでなく、自分の生まれ育った建築・まちに愛着をもち、何か貢献したい、何があっても守り・再建したい、子どもや孫にも住んでもらいと思えるような強いコミュニティがあることが必須です。

———

［久田嘉章・村上正浩・藤賀雅人］

# レジリエントな建築・まち

久田嘉章

## 被害から学び、より強靭に

近年、地震・火事・浸水・暴風など過去の経験にもとづく災害への対策技術は著しく進展しました。一方で超巨大地震と大津波の発生した東日本大震災(2011)、数万に一度といわれる活断層帯で発生した熊本地震(2016)、あるいは地球温暖化で頻発する大規模風水害など「前例のない」、「想定外」などといわれる大災害が続発しています。さらに東京・大阪などの巨大都市では、震災や水災による延焼火災や地盤災害(液状化・がけ崩れなど)、長周期地震動による超高層建築の大きな揺れ、膨大な帰宅困難者や避難者による群衆パニック、地下街・地下鉄・地下室への浸水など、従来の想定を超える災害が懸念されています。したがって今後の建築・まちには「被害を出さない」、「被害が出ても対応・復旧できる」、さらには「その経験を学び、より強靭になる」という「レジリエントな建築・まち」の実現が求められています。

## 想定されるさまざまな災害を知る

レジリエントな建築・まちへの第一歩は、地域で発生する可能性のあるさまざまな災害(ハザード)を想定することです。近年、国や自治体で震災・水災・地盤災害などの被害想定図やハザードマップが公開されていますが、未整備な自治体も多く、自分でも過去の災害や地盤の調査等を行い、地震動計算などをする場合があります。

　震源や場所の違いによって特徴的な地震動を評価した例を**Fig.01**に紹介します。震源の活断層近くでは非常に強く破壊力ある地震動が発生するだけでなく、**Fig.02**の写真に示すように地表地震断層による断層変位によって建物や基礎に大きな被害が発生する場合があります。一方で関東平野や大阪平野のような厚く軟弱な堆積層がある大都市では、震源が遠い場合でも継続時間が非常に長い長周期地震動が発生する場合があり、超高層建築の大きな揺れへの対策が重要になります。

## 建築・まちの脆弱性と対策を知る

地域で想定される災害の危険性(ハザード)を想定した後は、建物・まちの脆弱性(バルネラビリティ)を評価し、被害発生による危険度(リスク)を評価します。リスクは通常、発生する確率と被害程度の大きさで計算し、建物やまちに生じる人的・物的・経済的被害や復旧時間などを評価します。同時にさまざまな対策実施による費用対効果を検討し、リスクの最小化とリターンの最大化を目指します。このような対策はリスクマネジメントと呼ばれています。

　被害の低減策と対応・復旧策は、ハードとソフトの対策で実施します。ハード対策では災害により想定される作用(地震力・風圧・浸水圧・火災・煙)を評価して、建物や室内・設備等を丈夫にし、被害の低減策を実施します。ソフト対策では災害の種類や被害程度の大きさによって、在宅・在勤避難から広域避難、早期復旧まで柔軟に対応可能な体制を構築します。

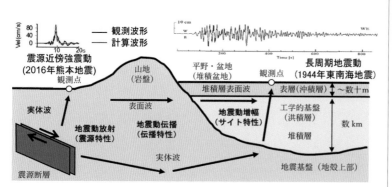

**Fig.01** 震源断層から伝播・増幅特性によりさまざまに特性を変える地震動

**Fig.02** 活断層変位(上)、津波(下)による被害例

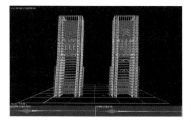

Fig.03 制振ダンパーの有無による
超高層建築の地震応答解析の結果比較

**超高層建築と対策の事例**

既存の超高層建築（工学院大学新宿校舎）を対象とした他長周期地震動対策の事例として、**Fig.03**は揺れのエネルギーを吸収する装置（ダンパー）の有無による揺れの大きさと被害程度の違いを、地震応答シミュレーション解析により検討した例です。ダンパーは多いほど揺れや被害は小さくなりますが、あまり数が多いと掛かる費用が想定被害の額を超えてしまいます。確率が極めて低い巨大地震に対しては、ある程度の被害は許容することで合理的かつ説得力ある対策が行えます。

しっかりしたハード対策を行うことは建物のリスクを低減させると同時に、高い精度の被害想定が行え、適切なソフト対策が可能になります。たとえば**Fig.04**は超高層建築を対象に、地震発生時に建物の揺れと被害程度を瞬時に推定し、適切な対応行動を促すアプリケーションソフトの例です（工学院大学等で開発）。被害が小さい場合は在館を促し、大きい場合は速やかな建物の安全性確認を促します。

**自助・共助・公助による災害対応**

想定される災害では十分な対策を行え

Fig.04 震度と長周期地震動階級の
予測情報を活用した超高層建築の対応支援

ば、軽微な被害で済み、自助（自宅や事業者など建物単位）で対応可能です。一方で想定を超える災害が発生した場合、あるいは地域に脆弱な建築・まちがある場合は、共助による対応が必要になります。共助は自治会など地域住民による取り組みだけでなく、大都市の中心市街地などでは事業者による連携が重要になります。

**Fig.05**は新宿駅周辺防災対策協議会による工学院大学を会場とした西口現地本部による情報共有訓練の様子です。新宿のような膨大な昼間人口が集中する中心市街地では、震災時には超高層建築や集客施設などの大規模建築において、建築専門家による速やかな安全性・使用継続性の確認が求められます。また大勢の負傷者が出た場合には

Fig.05 新宿駅周辺防災対策協議会による
震災時の情報共有訓練

地元の医師会や自治体・病院との連携、さらに膨大な帰宅困難者が出た場合には民間建物や地下街を一時滞在施設として提供するなど、地域連携による体制の構築と活動が重要になります。

**マルチハザードとオールハザード**

震災や火災、地盤災害、洪水・高潮・津波・内水はん濫による水災など、単独の災害が発生するだけでなく、さまざまな災害が複合化する場合があります。各種ハザードを重ねて評価するマルチハザードの視点が必要です。

一方で前例のない複合災害を正確に予想することは極めて困難です。このため近年では、どんな災害が発生しても対応を可能にするオールハザード対策が求められています。すなわち災害時では災害対策本部の設置、関係機関との連携、負傷者・避難者・帰宅困難者への対応、建物被害や火災等への対応、がれきや危険物の処理など、7割以上の業務・機能（ファンクション）はどのような災害でも同じといわれています。したがって必要な各種の業務をパッケージ化して、どんな災害でもそれを組み合わせることで柔軟な対応が可能になります。この取り組みは米国で始まりましたが、日本でも国・自治体だけでなく、住民・事業者でも導入が求められています。

# 防災・減災への
# 多角的なアプローチ

村上正浩

## 防災・減災の目的とは？

いのち、暮らし、社会を守るために、防災の取り組みが不可欠なことは言うまでもありませんが、防災には二つの目的があります。一つは災害を未然に防ぎ、被害をできるだけ出さない／小さくすることです。もう一つは災害が発生した場合に効果的な対応によって被害の拡大を抑え、社会の機能を早く回復させることです。阪神・淡路大震災を契機に、減災という言葉が多用されるようになりましたが、広義で言えば減災も防災の考え方の一つです。

## 社会の防災力を高める

「災害」が発生するかどうかは、「外力」と「社会の防災力」の相対関係で決まります。「外力」はハザード（hazard）といわれますが、豪雨・洪水・地震・津波・噴火などの自然現象のことです。一方、「社会の防災力」はバルネラビリティ（vulnerability）と呼ばれます。これは私たち自身あるいは社会自体が有する、災害に対処できる能力のことです。たとえば地震の揺れに対する建物や都市基盤の強さ、消火活動等に使う防災設備の整備具合とそれを使う人々の防災リテラシー（防災に関する正しい知識をもち、災害発生時に適切な行動を取る力）の高さなど、有形無形のものが社会の防災力を構成しています。つまり社会の防災力を上回る強い外力に襲われた場合、その結果として起きるのが災害ということになります。

したがって防災を実現するには、自然現象である外力は制御できないわけですから、まずは場所・地域で予想される外力について理解し、社会の防災力を（限界を含めて）知ることが必要となりますし、さらに防災力を高め、維持していくことが重要となります。

## 過去に学び、次の災害に活かす

そのときに忘れてはならないのが、過去の災害教訓です。大規模な災害に限らず、小・中規模の災害により露呈した課題からも教訓を得て、次の災害に備えることが大切です。また都市化の進展による都市部への人口や機能の集中、高齢化の進行、地域コミュニティの衰退など、社会の防災力を低下させる原因が、時代とともに発生し、かつ変化していることも考えておく必要があります。

東日本大震災では東京都内は震度5程度だったにも関わらず、公共交通の麻痺が大量の帰宅困難者を発生させ、さらに一斉帰宅が深刻な交通渋滞と混乱を引き起こしたことは、都市化による脆弱性を露呈した事例の一つです。首都直下地震等の大規模地震において同様のことが繰り返された場合、建物倒壊や火災などで帰宅困難者自身が危険にさらされるだけでなく、発災後に優先すべき救助・消火活動等を妨げることになります。そのため各地の都市部では、この教訓を活かして一斉帰宅の抑制を徹底するとともに一時滞在施設を確保し、帰宅困難者への情報提供の仕組みを整備するなど、総合的な視点から帰宅困難者対策が推進されています。

とはいえこの対策の肝となるのは、防災の専門家でもない都市部で働く事業者の方々です。事業者が一時滞在施設をどう開設し運営すればよいか、あるいは大量の帰宅困難者に正確な情報をどのように伝え、適切な行動を促していくかは課題です。

私はこうした課題解決に欧米の危機管理で用いられている災害対応手法や情報技術の活用を試みています。1日の乗降客数が360万人を超える新宿駅の周辺地域の事例では、携帯電話基地局から得られるビックデータから地域内に滞在する人口を季節別・時間帯別に推計したうえで、地震時に地域が混乱しないようにするための最適な行動をシミュレーションにより確認しつつ、地震発生時の地域全体の行動ルールを作成しています。この地域ルールに従い、専門家でない事業者でも一時滞在施設の開設・運営が円滑にできるように、危機管理の災害対応手法を取り入れた対応マニュアル・支援ツールや、事業者や帰宅困難者が的確な状況判断と適切な行動ができるようなアプリを開発し、実際の訓練に活用しながら改良を重ねています。また死角の多い高層ビル街において、上空からの情報収集と情報提供を可能とするために、無人航空機（ドローン）の活用も検証しています。当然、**Fig.01**に示すような訓練等による事業者の防災リテラシーを高める取り組みと、来街者等への啓発活動も並行し、ハード・ソフト両面から対策を進めています。効果的な訓練や防

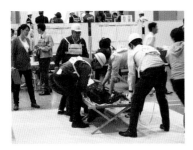

**Fig.01** 新宿駅周辺地域で実践する
事業者による防災訓練

災教育を行うためにVRを活用したり、行動経済学のナッジ（nudge：ちょっとしたきっかけを与えて、消費者に行動を促すための方法）の考え方を防災啓発ポスター等に適用するなどの工夫もしています。建築学部とは無縁に思えるでしょうが、こうした取り組みも安全・安心分野の研究活動の一つです。

———

**防災は学際分野、防災の実現には**
**多角的なアプローチが不可欠**

新宿駅周辺地域での事例を見ると、地域ルールづくりや防災リテラシーの高い人材育成、防災啓発活動の推進によって、被害をできるだけ出さない、小さくしようとする取り組みと、対応マニュアルやさまざまな支援ツールの活用によって、被害拡大を抑え、早い機能回復を図ろうとする取り組みがあります。前者は「予防力」を高めることを目的としたもので、後者は「回復力」を高めることを目的としたものです。この二つの力を高めることが、社会の防災力を向上させるうえでは重要となります。

「予防」という考え方には、被害を小

さくする「軽減」のほかにも、「回避」「転嫁」「保有」という概念があります。「回避」は、洪水や津波による被害の危険が高い場所の土地利用を規制するなど、災害発生の要因を避けることです。「転嫁」は、火災保険や地震保険への加入など、災害による被害をお金に換える方法です。「保有」は、災害の危険を受け入れるということですが、被害の拡大を抑える対応が被害の程度を左右します。

近年は各地で水害が頻発していることもあって、浸水危険の高いエリアの土地利用のあり方が議論されていますが、「回避」するだけではなく、「保有」の発想も必要でしょう。たとえば濃尾平野の「水屋」（石垣や盛土の上に建てられた水害時の避難小屋）などは良い事例ですが、洪水が発生することを前提に、被害拡大を低減させる工夫によって災害をうまく受け流しています。**Fig.02**のような歴史的なまちなみや景観を残す伝統的建造物群保存地区の防災に関わっていくなかでも、こうした考え方の重要性を実感しています。

先人の知恵に学び、現在の最新技術を取り入れた新たなまちづくり手法、暮らし方や住まい方を考えることも、私のこれからの研究テーマです。

また災害からの早い機能回復には多面的なハード・ソフト対策が必要ですが、その担い手である「被災者」の視点も忘れてはいけません。地域には高齢者・乳幼児・子ども・障がいのある人・妊産婦・外国人など多様な人々が暮らしていますが、災害時に直面する困難と必要な支援は異なります。私が研究活動のなかで多様性配慮の視点を地域防災の組織づくりや訓練などに取り入れているのは、多様な状況にある人々がともに責任ある立場で災害への備えを担えるようにすることが、結果として回復力を高め、速やかな復旧・復興につながると考えているからです。

防災は学際的な分野ですので、その実現には多角的なアプローチが不可欠です。それが面白さでもあり、難しさでもあるのです。

**Fig.02** 伝統的
建造物群
保存地区の
まちなみ

# 災害後の住まいとまちを考える

藤賀雅人

**災害後に備える?**

防災・減災対策を十分に施したとしても、災害による被害をゼロにすることは難しいものです。こうした実情から、近年では事前復興や復興準備といった被災後の住宅再建・地域再生の方法について、被災前から考える取り組みも始められています。

　一般に復興プロセスは［避難所生活→仮設住宅生活→段階的な住宅・市街地の再生→恒久的な暮らし］とされており、住まいの移り変わりや新たなまちづくりを進めるため、建築学が深く関わらなければならない領域となっています。また実際に被災者の再建を支援しつつ復興後のまちを考えるということは、総合的な知識が求められるとともに、法律・医療・福祉といった他分野と連携した取り組みも必要な学際的なテーマなのです。

**仮住まいを考える**

被災者が避難所を出た後の生活の場は、以前はプレハブの仮設住宅が一般的とされてきました。これは早期・大量に住まいの供給を行う社会システムとして構築されてきたためですが、東日本大震災時に木造戸建の仮設住宅が建設されるとともに **Fig.01, 02**、空き家等を活用した「みなし仮設」が運用されたことで、バリエーションは多様化してきています。熊本地震(2016)、九州豪雨災害(2020)では日本木造住宅産業協会による地場建材を活用した質の高い木造仮設やトレーラーハウス型仮設も建設されており、仮住まいの性能向上が図られ、供給方法の再構築も進められています。先進的な都道府県では、事前の仮設住戸プラン、仮設住宅供給の対応講習会も行われるようになっており、被災後の住まい供給に対する新たな知見構築が進められているのです。

　こうした住宅としての性能向上に加えて、仮設住宅を長期的な生活の場として活用し続けるための（仮設住宅を本設住宅のように提供する）取り組みも検討されつつあり、近年の複合的な災害を契機として、既存の復興プロセスを組み替える活動・研究が進められています。

**Fig.02** 木造戸建の仮設住宅

**Fig.03** 仮設住宅環境のヒアリング調査
(陸前高田市矢作町)

　建築学の立場としては、多様化する仮住まいの居住性能・生活実態を調査することや **Fig.03**、地域ごとの建設システムの検討、改修による環境改善を図ることなどが役割となります。加えて実際の被災地では、仮住まい期間、他分野と共同した被災者のメンタルケアを行いつつ、被災後の再建プラン、復興後のまちづくりに対する意見集約など、恒久的な暮らしに向けた準備に寄り添うことも必要です。なお再建プロセスに移行する際には、仮設住宅などに入居せず、親族宅・知人宅での生活を経て生活再建を行う方も少なくないので、公的な支援外で自主再建を進める方々のことも忘れてはいけません。

**復興まちづくりを支援する**

被災地の復興を考える際、安全なまちと

**Fig.01** 津波被害を受けた陸前高田市

安全・安心まちづくり

するために地域構造の転換、防災対策の再構築を行わなければなりません。もちろん被災者が生活するための生業、新たな居住地の整備も必須です。こうした地域の全体像を一から議論する段階では、被災した居住地から移動するかどうかという判断が非常に重要になるのですが、この判断は災害種別によって異なります。基本的には地震・火災災害では被災した場所での再建が議論され、津波や土砂・河川氾濫などでは移転が検討されることが多いようです。東日本大震災被災地では居住地の移動を基本として復興を進めた地区が多いのですが、これに伴い災害危険区域という居住禁止区域が広がることにもなり、今度は移転元地の活用が課題になる状況も生まれました。居住地の移動、防災対策をバランスよく考えるには、現状の日本の制度ではまだまだ課題も多いようです。

　また現在は人口減少局面にあるので、大都市を除けば被災後の都市・地域規模を縮小しつつ復興を進めることも大切ですし、そもそも東京のような都市部と地方の集落を同じような手法・プランニングを用い復興することも適切ではありません。

**Fig.04** 広田町復興マスタープラン作成ワークショップ（陸前高田市広田町）

**Fig.05** 防潮堤建設と被災低地（陸前高田市気仙町）

　こうした地域ごとに対応が異なり、不確実性をもつ状況下でプランニングを進める必要がある復興まちづくりでは、地域固有の状況を丁寧に把握したプランニングが必要です。地域版マスタープランの作成や、作成したマスタープランを逐次見直しながら住宅再建・地域再生を進める対応が不可欠といえるでしょう。

　**Fig.04**は実際に筆者らが支援した陸前高田市広田町における地域版マスタープラン作成ワークショップの風景です。ここでは公共整備として進められる復興事業の動向を共有しつつ、住民自ら整備を進めることや、取り組みとしてできることを議論しました。災害後に地域を再生するにはハード面を整備する復興事業も重要ですが、整備された空間をどのように活用するのか、地域を魅力的に再生するために被災者が自ら動き出すソフト面での取り組みも重要なのです。

―――――

**日常のまちづくりに立ち戻る**

復興まちづくりは特異な状況から住まい・市街地を早期に再生することが求められますが、最終的には新しい日常の生活・まちづくりに進むことになります。復興はすべての被災者が満足した結果を得ることは難しく、課題をもったまま日常が始められることも珍しくありません。たとえば復興事業の終わった**Fig.05**の集落では、防潮堤裏の被災低地の活用・マネジメントについて継続的に議論が続けられています。復興が終わってもこうした新しい日常のまちづくりを進め、災害の教訓を引き継ぎ、次の災害に改めて備え続けることが何より大切なのです。

　私の経験では復興まちづくりが上手く進んだ地域の共通点は、被災前からコミュニティが醸成されており、住民がまとまりをもって地域のことを考えている場合、被災後に新たな取り組みに踏み出せる変化を恐れないプレイヤーが現れる場合が多かったように思います。日常的にまちづくり・安全性を考え、いざというときを想像することが、もっとも重要な備えなのかもしれませんね。

# 4 環境共生

エコロジー実験都市「エコ・ビッキー」内の集合住宅（フィンランド、ヘルシンキ）

# サステナブルなまち・暮らしの実現に向けて

環境共生分野はさまざまな地球環境問題の対策を見据え、大都市から地方のまち、そしてわれわれの住環境に至るまで、自然環境と調和し負担を掛けない仕組みづくりを考え、提案し、評価していく分野です。左頁写真のフィンランドの郊外の集合住宅ではまわりに緑地を整備し、日射を調整するバルコニーやサンルームを備え、屋根の太陽熱温水器と地域の温水配管によって給湯・暖房をまかなう、サステナブルなまち・暮らしを実現する仕組みが整えられています。

### 都市とエネルギー

私たちの日々の生活は、エネルギーなしでは成り立ちません。人類はこのエネルギーを大量に消費しながら発展を遂げてきましたが、その結果、地球温暖化問題が深刻化しています。一方でわが国では2011年に発生した東日本大震災において大規模発電所の被災により広域に停電が発生し、電力不足のため被災地から離れた首都圏でも計画停電が実施されました。これは電力会社の大規模発電所の供給網だけに頼ってきたためです。ガスも同様で、これまでのエネルギーシステムは大規模集中型のうえ、その供給施設の計画はエネルギー事業者任せであり、平常時の安定供給に努めることが基本となっていました。しかし低炭素で安全安心な都市・地域づくりの視点から、従来型のエネルギーシステムは見直しを迫られています。

### 環境負荷の小さいエネルギー源

太陽光・太陽熱や風力のほか、水力・地熱・バイオマスなど、エネルギー源として永続的に利用することができると認められるものを「再生可能エネルギー」と呼ん

でいます。資源が枯渇せず繰り返し使え、発電時や熱利用時に$CO_2$をほとんど排出しないため、エネルギーの安定供給、資源枯渇防止、そして地球温暖化対策に向けて導入を一層進めていくことが必要なエネルギーと言えます。一方で清掃工場・変電所などの排熱や、河川水・下水の大気との温度差を利用したエネルギーなど、これまであまり利用されてこなかったエネルギーを「未利用エネルギー」と呼んでいます。これを上手に利用すれば地球温暖化対策に寄与するばかりでなく、大都市部では河川や下水をその都市排熱の捨て場とすることで、ヒートアイランド現象による気温上昇の抑制にもつながります。

### 地域でエネルギーをデザインする

先に述べた再生可能エネルギーや未利用エネルギーには、利用にあたっての適地が存在します。またある程度の広がりをもった地域で利用する仕組みが不可欠です。これはエネルギーの面的利用とも呼ばれ、都市部において地域のプラントで熱源設備を共有し、導管で各建物へ熱を送る地域熱供給システムが全国で整

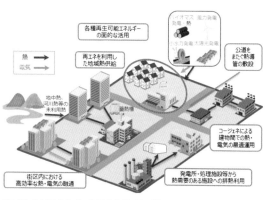

**Fig.01** 地域エネルギーシステムのイメージ

備されています **Fig.01, 02**。今後は都市部に限らず郊外部においても、環境負荷削減だけでなく災害時にもエネルギー供給を可能にする、その地域に適した独自のエネルギーシステムを構築することが必要と言えます。あわせて大事なのは、このようなシステムをエネルギー事業者任せにするのではなく、その地域の自治体や建築設計者、都市計画者、そして地域住民も含めたまちづくりに関わる人たちが自ら考え、将来のビジョンをもってデザインするということです。「環境配慮」と「災害時の供給信頼性」、さらにはその地域を元気にするような地域独自のエネルギーデザインが求められていると言えるでしょう。

―――――

### 雨・ヒト・水

わが国では長く「水と安全はタダ」といわれてきましたが、最近では十年に一度といわれたような大型台風が毎年のように襲来しますし、コンビニのショーケースに

**Fig.02** 左写真は西新宿の地域熱供給
プラント内部。
右写真は工学院大学新宿校舎地下6階

**Fig.03** 淀橋浄水場
ありし日の西新宿。
中央右は工学院大学旧校舎

**Fig.04** 数百mスケールで
急成長する積乱雲
（オーストラリア・ケアンズ沖）

**Fig.05** 軒先で雨宿り
（伊勢神宮・神楽殿）

超高層ビル街の先駆けである新宿副都心は淀橋浄水場（1898−1965年）があった場所で、都内への水供給を長く掌っていた **Fig.03**。
水の安定供給、治水や利水はときの為政者にとって重要な
政策課題の一つだが、降水特性の激甚化 **Fig.04** は、
これまでに構築した社会インフラを客観的に見直す契機になっている。
集中豪雨への建築の備えも再考が必要であり、軒先からこぼれ落ちる
雨水を眺めながら先人の知恵を感じ、水インフラへの負担軽減機能、
雨水流出抑制や利活用法など新しいアイディアを想起したい **Fig.05**。

はミネラルウォーターが相応の幅を利かせて陳列されています。日本の山河は四季折々に美しい姿を見せてくれ、そこに流れる水はとても綺麗で口にすることもできます。都市を流れる河川の川面を眺めると飲み水としては躊躇しますが、水環境・水管理を掌る仕事に従事されている人々の努力もあって高度成長期からすれば隔世の水質改善が実現しています。一方、台風や線状降水帯の発生など激甚化する降水特性の変化は、雨との付き合い方を過去の経験だけに頼ってばかりではいられない環境の変化として顕在化しています。都市・建築と水の流れとがともに調和して、持続可能で安全・安心な循環を生み出すことが重要になっています。

―――――

### 都市・建築と水の関わり

まず都市と水との関わりについて考えてみます。水そのものを運び、その流れに人やモノを乗せて運ぶという流通の担い手として巨大都市には必ずと言ってよいほど有名な河川や港湾が寄り添っています。さらに流域や周辺海域にある農業や水産業、工業や商業、さらには周辺の森林へと視点を広げると都市への人、モノの交流軸を通じた文化形成の歴史を知ることができます。したがって流域や海岸線の治水や利水は都市の繁栄に欠かすことのできない重要な政策で、先人たちの偉業が国内外を問わず語り継がれているのはこの理由からです。そこで育まれる交流は流域文化の発展に寄与しましたし、河川の枯渇は流域文化の衰退にもつながりました。次に建築と水の関わりについてはどうでしょう。水は私たちの生活のなかで水蒸気（気体）・液体（水）・固体（氷）という3形態で存在していますが、物質としての安定性や比熱、潜熱の大きさから空調設備の熱媒、衛生設備の洗浄水、防災設備の消火など広範に利用されています。さらに凝縮・蒸発・凝固・融解といった水の相変化は、雨漏りや結露、凍結から建築物を保全するために理解しておかなければならない現象です。このような水の循環は太陽エネルギーによって形成されており、化石燃料に比べるとその循環スケールは時・空間ともに小さく、再生可能エネルギーの一翼と

してさらなる活用術が期待されます。

―――

### 環境への影響を測る

　私たちは都市で生活し、建物の中で暮らしています。建物を建てたり都市をつくったりすると、環境に必ず負担を掛けることになります。そこで、どのくらい負担を与えるかを考える必要があります。

　では建物が与える環境影響にはどのようなことがあるのでしょうか? 建物ができると日射が遮られ日当たりが悪くなることがあります。また風の通り道が遮られたり、風が強くなったりもします。建物で冷房を使えば熱が放出されて、都市が熱くなるヒートアイランド現象が起きます。そのためさらに冷房のエネルギーが使われることになります。また建物からの環境影響のほかに、交通による排気ガスや熱が放出されエネルギーも消費します。道路をつくれば土の地面がなくなり、木々も減ってしまいます。さらに人々が生活すればごみなどの廃棄物も出ます。このように建物をつくり都市をつくることで、さまざまな環境影響が生じているのです。そこで都市や建物を計画するときにどのくらいの影響がまわりの環境に与えられているかがわかれば、その計画を見直すこともできるわけです。これが環境影響評価です。大規模なプロジェクトでは環境アセスメントが法律に則って行われます。一方、都市や建物には、LEEDやCASBEEという評価手法があります。LEEDは、米国で開発された手法で全世界で広く使われています。またCASBEEは日本独自の手法で、建築環境総合性能評価システム(Comprehensive Assessment System for Built Environment Efficiency)のことです。建物や街区などさまざまな対象ごとにツールが用意されています。たとえば、街区を評価する「CASBEE−街区」では、環境、社会、経済への配慮などの環境品質$Q_{UD}$と交通や建物からの$CO_2$排出量といった環境負荷$L_{UD}$との比を取って下の式のように環境効率を求めて評価します。

$$BEE_{UD} = Q_{UD}/L_{UD}$$

(ここでは、$BEE_{UD}$：街区に関わる環境効率、$Q_{UD}$：街区に関わる環境品質、$L_{UD}$：街区に関わる環境負荷)

環境品質$Q_{UD}$を大きくし、環境負荷$L_{UD}$を小さくすると評価が高くなるようになっています。

　また建物や製品ではLife Cycle Assessment (LCA)といって、原料の採取から製造・使用・廃棄までの一生を追って環境負荷を評価することも行われます。建物の環境負荷には温室効果ガスや大気汚染物質の排出、金属やエネルギー資源の消費量などがあります。

―――

### SDGsを知っていますか?

　SDGsとは国連が2015年に採択した、2030年までに世界のさまざまな側面の貧困を撲滅していくための目標のことです。Sustainable Development Goalsの略で、持続可能な開発目標といいます。**Fig.06**のロゴマークを見たことがあると思いますが、17の目標が挙げられており、これには途上国だけの問題ではなく私たちの国においても達成しなければならない目標が含まれています。そしてこれから建築を目指そうという皆さんにとっても重要な項目があります。たとえば「すべての人に健康と福祉を(ゴール3)」、「安全な水とトイレ(ゴール6)」、「再生可能エネルギーや省エネルギー(ゴール7)」、「安全で快適なまちづくり(ゴール11)」、「気候変動対策(ゴール13)」など建築に関連する目標もたくさんあります。

　これから建築を勉強する皆さん、建築や都市と環境との関係に配慮するとともに、SDGsの目標達成にぜひとも貢献してください。

―――

[中島裕輔・西川豊宏・横山計三]

環境共生

**Fig.06** SDGsのアイコン

# 安全・快適・省エネな
# 住まいとまちづくり

## 環境共生の意味するもの

われわれの現代の生活は、人工物に囲まれています。技術の進歩とともに大量に安価に生産されるため、便利なモノがどんどんと増え、それが当たり前となっています。ところがそのために自然環境は破壊され、気温上昇は進み、われわれの健康は脅かされています。本来目指すべきは安全・安心で快適な生活環境や学習・執務環境であり、それらの実現を前提としたうえで、省エネルギーや省資源を指向することが重要です。そのために自然の仕組みに学び、自然の力を最大限に活かすことこそ、真の環境共生と言えるでしょう。

――――

## 環境調整型建材

日常生活のなかでもっとも身近で毎日のように触れているモノに、家具や建材があります。とくに建築の内装仕上げ材は、熱・湿気・光・空気・音といった環境工学の要素すべてに密接に関わっています。にも関わらず、色や模様にばかり気を取ら

れ、材料や環境面の機能に無頓着な人が多いのではないでしょうか。昔の日本の民家の壁は土壁・漆喰・板張りなど自然素材でつくられ、熱や湿気を調整し、臭いを吸着するなど室内を安全で快適にする機能に優れていました。代わりに多少脆いところもありますが、それを修理することも生活の一部でした。一方で現在一般的な壁のビニルクロスは、燃えにくく汚れにも強いですが、環境を調整する機能はほとんどありません。

このような状況を改善すべく、環境調整をウリにした建材も開発されてきていますが、調湿性の塗り壁材や化学物質を吸着するタイルなど、ほほどの製品にも珪藻土をはじめとした環境調整に優れた自然素材が活用されており、自然の力の奥深さを思い知らされます。私たちはホタテ貝殻を原料とした漆喰系の塗り壁材の研究開発を進めています**Fig.01**。従来の漆喰原料は石灰岩ですが、貝殻の主成分も石灰岩と同じ炭酸カルシウムです。ホタテ貝殻は中身を取った後に大

量の産業廃棄物となるためその有効利用になるとともに、海水中の炭素を使って数年で成貝に成長するため、木材と同じような炭素循環型材料と言えます。すなわち室内空気の浄化や湿度調整を行いつつ、温暖化対策にも寄与するわけです。ホタテ以外の貝でも同様の機能が期待でき、環境に優しい地産地消建材となる可能性を秘めていると考えています。

――――

## 環境を把握して上手に調整する

内装材に無頓着なように、室内環境の「質」についても無頓着な人が多いように思われます。断熱性能の低い家に住み、暑さ寒さを我慢しながら冷暖房のエネルギーを浪費している住宅も少なくないでしょう。季節や時間帯ごとに日射や風など外部の自然環境を上手に活かす暮らし方の工夫を、パッシブ手法と言います。これも冷暖房機器が発達する以前の建物では普通に考えられていたことです。すだれやグリーンカーテンなどは、現代でも非常に効果的な日除けの手法で

**Fig.01** 開発中のホタテ貝殻漆喰の試験体。
調湿や消臭の効果があり、
表面に磨き仕上げを施せば耐水性も発現する

**Fig.02** 環境共生型住宅の事例。
木材や土壁など自然素材を使用し、
多くのパッシブ手法も導入した環境共生型住宅

**Fig.03** 岐阜県白川郷の合掌民家。
縁側にすだれを掛けて打ち水を行い、
自然の涼を取っている

す。あらためてこのような先人の知恵を学び、現代の住宅に取り入れることも、これからの家づくりでは重要です。私たちは伝統民家や現代でも自然素材とパッシブ手法を取り入れた住宅を詳しく計測して評価しながら、真の環境共生型住宅のあり方について研究しています**Fig.02, 03**。

またこのような住宅を上手に使いこなすためには、室内外の環境を把握することも重要です。現代の住宅は冷暖房のエネルギーを最小化するために高断熱・高気密化が進められていますが、反面、外部環境を体感しにくい状況に置かれています。そこで私たちは室内外の環境情報を常時計測して、居住者にわかりやすく提供する仕組みと、そのキットを開発しています**Fig.04**。自動化ではなく、今の環境を知ったうえで自ら上手に調整することで、安全で快適で省エネな暮らしがしやすくなるわけです。

生まれたときから自然とは遠い環境で育っている都会の子どもたちほど、幼い頃から自然環境を知り、環境問題への理解を深めるきっかけをもつことが重要です。その点建築の分野では、学校の教室や自宅における環境と生活を考え、改善することが良い教材となります。私たちは毎年、小学校に出向いて環境学習授業を行っています**Fig.05**。このような取り組みはほかの大学でも行われていますが、自宅や教室で、夏を涼しく冬を暖かく過ごすための工夫や、屋上に設置されている太陽光発電装置の効果などを、ワークショップ形式で体感してもらいながらわかりやすく説明しています。将来、授業を受けた子どもたちのなかから環境問題や環境建築のエキスパートが出てきてほしいものです。

———

**自立分散型のエネルギーシステム**

東日本大震災の経験からも、とくに都市部では、災害時でも日常の生活や業務が極力停止しないような仕組みが求められます。そのためには広い地域で1カ所のみの巨大発電所に頼るのではなく、地域やまちの単位でそれぞれ自立したエネルギー供給の仕組みが必要です。これを自立分散型エネルギーシステムと呼んでいます。

太陽や風、森林など地域の資源を活かし、地域に合った規模のシステムとすることで、省エネ性に優れ、災害時にも強い仕組みとなります**Fig.06**。また電気や熱のエネルギーを地域内の建物でお互いに効率良く融通し合うことも重要になります。たとえば昼間にエネルギーを使うオフィスビルと、主に夜間にエネルギーを使う住宅やホテルでエネルギー使用状況の情報を共有して融通し合えば、地域として効率的な運用が可能となります。そして災害時には、避難やエネルギーに関する情報を即座に共有する仕組みも不可欠です。

すなわちまちや都市の環境共生のためには、環境・防災情報を共有できる仕組みを備えた自立分散型のエネルギーシステムを、地域ごとに整備することが非常に重要と言えます。これからはこのような仕組み自体もまちの魅力となってほしいものです。

**Fig.04** 室内外環境情報提供キット。
室内外の環境情報を常時計測し、
LEDランプやスマホサイトで提供するキット

**Fig.05** 小学校での環境学習授業。
小学生に向けたすだれによる遮熱効果の
体感ワークショップの様子

**Fig.06** 木くずのストックヤード。
北海道熱供給公社では木くずを燃やして
温水をつくり、札幌市内のビルに供給している

# 都市・建築と環境との調和を目指して

西川豊宏

## 水とエネルギーの流れと循環

都市や建物、ヒトやモノもこの世で唯一無二の存在ではあるけれど、分子レベルまで分解してゆけば、ある規則性のもとにデザインされているということを私たちは知っています。自然の法則に従った統合。そこから生まれる創造物は、必ずしも自然界と調和したものばかりとは限りません。ヒトから見た利便性と合理性に偏ったモノは概して自然界に形成される健全な流れや循環を阻害するものになりやすく、持続可能な社会を実現するうえでの障害になります。

**Fig.01** 東欧に見る水との触れ合いと水への意識。東欧の短い夏の貴重な日差しを浴びながら水遊びをする親子。
コシチェ(スロバキア)は大陸性気候で降水量も日本の半分くらいであることから、飲み水や雨水への関心は高いようだ

**Fig.02** スロバキアのボトルウォーターにも製造に要した温室効果ガス排出量を示すカーボンフットプリントが表示されている

水や空気、モノ、動植物、そしてヒト。自然界の秩序と都市建築の成り立ちを知り、調和の取れた都市を想像し、まちに潤いのある流れと循環を創造することが持続可能な社会を形成するうえで大切です**Fig.01, 02**。

---

## 持続可能な住環境を考える

環境に優しい住まいづくりというと太陽光発電をはじめとする再生可能エネルギーの利用や建物の高気密化・高断熱化をイメージするかもしれません。実居住する住宅でエネルギー消費調査を行うと、環境に配慮するほど光熱費の抑制効果は得られる傾向にあります。確かに近年の建築分野における高気密・高断熱化の流れは、わが国の建築様式に著しい変化を与えており、冷暖房時の省エネルギー効果を高めるうえで一定の成果が得られています。この成果は生活利便性の向上から増加の一途をたどっていた民生部門のエネルギー消費量を抑制することに寄与していますが、多種多様な地域特性や季節性をもつわが国の気候風土に対して完全無欠な対策とも言い切れません。このような工業的住まいづくりの流れを概観すると、常時換気の法制化は電力を必要とする機械的な肺呼吸により空気の循環量を担保するものであり、高気密(高断熱)化は外壁での皮膚呼吸を止めているようにも見えます。

ニューノーマルなライフスタイルが注目されている今日にあっては、持続可能な住環境についてさまざまな角度から考

**Fig.03** 窓の存在意義って何だろう?
北欧のカフェテラスで談話していると窓は眺望、採光や換気といった自然環境と室内環境をつなげる干渉帯であることに気づく

える絶好の機会とも言えましょう**Fig.03**。

---

## 都市環境の今を知る

都市の拡大は人口過密化に伴う水や物資などの供給サイド(動脈物流)と下水や廃棄物といった処理サイド(静脈物流)に必要なエネルギーの増加につながっています。

建築の高層化は現代において文明や経済の繁栄を象徴するものとして見られますが、ヒトの遺伝的な肉体は、同じ移動距離でも重力に逆らう階段などの垂直移動に比べて水平に移動することに適しています。数百mもの上空にある高層階の生活の場へ安全かつ速やかに垂直移動するとともに、水を汲み上げるなどの生活物資を運び上げるためには、エレベーターなどの垂直搬送設備が必要です。

現在世界人口70億人のうち、安全な飲料水にアクセスできない人が8億人にも上ります。安全な水へのアクセスの定

義は「1km以内に一人1日20ℓの水を確保できる場所がある」とされていますが、これは徒歩12分くらいの場所に20kg強の荷物を取りに行くような労力となります。蛇口を捻れば飲料水を得ることができる私たちにとっては、想像を超える重労働です。ひとたび垂直搬送のためのエネルギー（電力）が枯渇（停電）すれば、高層建築に居住する人々も安全な飲料水へアクセスできなくなります。

**都市・建築を潤す雨と緑のダム**

動植物に潤いを与えてくれる雨ですが「濡れて鬱陶しい」、「洪水という災いをもたらす」といったマイナスのイメージだけではなく、先人たちが培ってきた雨仕舞や雨に対する作法などの知恵を拝借しながら、環境の変化へ賢く順応していきたいものです。街路樹などの植栽は夏の日差しを遮り、蒸発散作用で木陰での涼を私たちに享受してくれます。また初期雨水（降り始めの雨1−2mm）は、樹冠遮断してくれるので、傘の持ち合わせのない歩行者にはありがたい限りです。樹木はその生涯にわたり炭酸ガスを固着し、伐採後は建材やバイオマス燃料として循環することができるので$CO_2$削減へ大いに貢献します。山林の保全は流域の国土保全（流出土砂の抑制や森林水源涵養の向上）につながり、極端化する降水特性により懸念される都市河川の増水を緩和する緑のダムの役割を果たしてくれます**Fig.04**。

また経済性や施工性だけでなく、環境性への関心から木材の各種建材の地位向上も期待されます。建築空間における木材の適用は、日本人の記憶に組み込まれた特有のDNAの一つでもあるわけですから、建築的新発想の芽がそこにはたくさんありそうです。

**新しい生活様式・環境と共生へ**

貴重なエネルギーを使って得られたボトルウォーターや物資も都市環境下に住まう人々からすると「臭いものには蓋をせよ」が如く、使い終わったら不要なもの、汚いものとして瞬時に住空間から目の届かない場所（静脈物流網）へ流れ、化石燃料を使用して処理されています**Fig.05**。巨大な都市的地域における物資輸送に水運は欠かせない輸送手段でありますが、生態系への影響も大きいため、自然の受け入れ許容値には限りがあります。すでに人口100万人を超えていた江戸のまちは、当時としては世界最大の都市でしたが、近代的な下水道は未整備ながらコレラなどの疫病が流行したヨーロッパの都市に比べて衛生的な都市であったと伝えられています。衛生的な都市環境であった理由の一つに、屎尿を含むすべての物資が動脈および静脈物流において適度に循環しており、市中から排出される屎尿を含む不用物が僅かであったからです。

このように私たちは重厚な社会基盤に囲まれて生活していますが、水とエネルギー、モノの調達という点では薄氷の上に立たされているも同然です。さらに新型コロナウイルス感染症の世界的な流行を機に新しい生活様式への模索がなされています。生活利便性の追求だけでなく、ヒトが環境と共生していける持続可能な社会を実現することが、現代に生きる私たちに課せられた使命だと言えます。

**Fig.04** まちに潤いを与える水と緑の道。その成り立ちは？
多摩川を水源とする二ケ領用水は川崎領と稲毛領にまたがる神奈川県では最古の人工用水路。
かつては農業用水として利用されたが、近年では工業用水のほか近隣住民の憩いの場、地域の治水利水対策を学ぶ場として親しまれている

**Fig.05** ボトルウォーター。
中身と外身の価値は？
フライトで空っぽになったペットボトルをアブダビ空港でごみ箱へ。
ごみ箱に入れるモノのすべては不要物なのでしょうか？資源を次にバトンタッチする境界点になればいいですね

環境共生

# 地球環境を守り、
# 快適な環境をつくる

**再生可能エネルギーを使う**

環境共生を進めるうえで重要な手法の一つが再生可能エネルギーの利用拡大です。再生可能エネルギーは石油・石炭・天然ガスといった化石燃料と異なり、$CO_2$をほとんど排出しないエネルギー源です。日本では今後、低炭素社会に向けて再生可能エネルギーをエネルギー源の主力とすることが求められるでしょう。また化石燃料はほとんどが輸入に頼っていますが、再生可能エネルギーは輸入に頼らずに供給できるというメリットもあります。

したがって私たちもこの再生可能エネルギーを建物や都市で使えるようにするための研究を行っています。再生可能エネルギーのなかでもとくに太陽エネルギーに注目していますが、その利用方法は主に光として利用する方法と、熱として利用する方法とがあります。光としての利用には、自然光源とするものと、太陽電池によって電力に変換する方法があります。また熱として利用する場合は、水などに熱を取り込んで暖房・給湯・冷房、さらに発電にも利用できます。私たちは太陽

**Fig.01** 太陽熱集熱器を設置して
給湯に利用しているイタリアの病院の例。
一見、地上に設置しているようだが、
緑化した建物の屋上に設置されている

熱により水を昇温して給湯・暖房および冷房に利用する方法を研究しています。一般に太陽エネルギーは広く薄く分布しており、天候などに左右されやすい不安定なエネルギーなので、効率やコストの面で課題が多いのが現状です。

———

**太陽熱を利用する**

太陽熱を利用するには、太陽熱集熱器を使います。集熱器は平板型、真空管型などがあり、それぞれ特徴があります。平板型は低温での集熱効率が高く高温での集熱効率が低いという特徴があり、真空管型は高温の集熱に適しています。また住宅の屋根全体を集熱器とし、空気によって集熱を行う方式もあります。

日本ではあまり大規模な施設はありませんが、集合住宅の屋上にこの集熱器を設置して住戸に温水を供給している事例があります。また太陽熱を使って冷暖房に利用している例もあります。集熱器から温水を取り出し、吸収式冷凍機という装置を使って冷水をつくって冷房し、暖房はそのまま温水を利用しています。

海外では建物の屋上に多数の集熱器を設置して病院の給湯に利用している例があります**Fig.01**。また大規模な熱供給システムも数多くあります。とくに欧州には事例が多く、たとえばデンマークの都市シルケボーには、集熱面積15,000 m²、熱出力110,000 kWという大規模な施設があり、近隣のまちに熱を供給しています。

このほか、より高い効率と使いやす

**Fig.02** 熱と電気を同時に取り出す
パネルの実験風景。
表面は発電パネルで裏面に集熱装置が
取り付けられている

さを求めて新しい太陽熱集熱装置も考えられています。その一つに太陽光発電パネルと集熱器を重ねたハイブリッドタイプ（熱電併給型という）の集熱器があります。これを使うことにより太陽エネルギーの利用効率が高まるとともに集熱器と太陽光発電パネルの設置面積が少なくて済むというメリットがあります**Fig.02**。

———

**建設関連の$CO_2$排出量は
日本全体の40％を占める**

**Fig.03**を見てください。日本の$CO_2$排出量のじつに40％を建物建設や運用など

**Fig.03** 日本の$CO_2$排出量の内訳。
2011年産業連関分析より。
建築で使われる材料の製造や
運用時のエネルギー消費も含まれている

建設関連で排出しています。したがって建設関連のCO₂排出量を減らすことは日本のCO₂排出量を減らすことに直結するのです。

そこで建物や都市を建設するとどのくらい環境に影響を与えるのかを評価する方法も研究しています。その一つとして、建物の一生のCO₂排出量であるLCCO₂（ライフサイクルCO₂）があります。建物の一生のうちでどのステージのCO₂排出量が大きいか、あるいは建物のどの部位、工程からの排出量が多いのかなどを調べます。それがわかればそこを重点的に削減していけばいいからです。

その結果を見ると、建物の運用時がもっとも大きくなり、続いて建設時となっています **Fig.04**。運用時は電気やガスなどを消費することでCO₂が排出されるので、建物の断熱性能を上げたり、効率の良い空調装置やLED照明などエネルギー消費の少ない機器を導入することで削減されます。また太陽光発電、太陽熱利用な

ども効果があります。一方で建設時には建物に使う材料の製造時に排出されるCO₂が問題となるので、排出CO₂の少ない材料を使うことが対策となります。たとえばセメントでは、石炭灰を使ったセメントなどが使われます。また鉄鋼などもリサイクル資材の利用が有効です。

———

**都市の環境影響を評価する**

都市の形態によって環境への影響度合いは変わるのでしょうか？ 都市は業務施設や住宅だけでなく、道路や鉄道・電力・ガスなどのインフラ、交通機関などで構成されています。そこで「コンパクトシティ」といわれる都市機能を集約した高密度都市と広い範囲に住宅や各種施設を配置した「低密度都市」の比較を行いました **Fig.05**。その結果を見ると「コンパクトシティ」は「低密度都市」よりもCO₂排出量が少ないという結果になりました。低密度都市は、道路の距離が長く、交通によるCO₂排出も大きくなり、逆にコンパクトシ

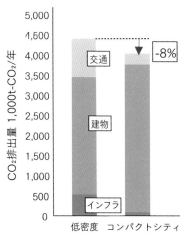

**Fig.05** 都市の環境影響比較

ティは建物が高層化されるので建設に関連するCO₂排出量が大きくなります。この計算ではコンパクトシティが有利でしたが、自然エネルギー利用面や住み心地など心理面の要素も考える必要があり、環境面だけで良い悪いは決定できないということを付け加えておきます。

———

**資源消費の評価**

日本は資源の少ない国ですから金属資源やエネルギー資源をはじめ各種の資源消費量の削減が求められ、資源リサイクルが重要な課題となっています。私たちは建物に使用される各種資源（エネルギー・金属・土石・生物資源）がそれぞれどのくらい使われているかを算出し評価する方法を研究しています **Fig.06**。

このように、私たちは上で述べたようなことを通して、建物や都市の快適な環境を維持しながら、環境負荷を低減させるにはどうしたらよいかを考えています。

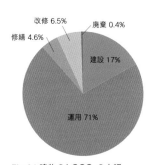

**Fig.04** 建物のLCCO₂の内訳。
約9,000 m²の事務所建物の計算例。
建物寿命を60年として計算。
運用時がもっとも大きく、次いで建設時である

**Fig.06** 建築の資源消費内訳。
日本の建築全体の資源消費量を求めた。
石灰石や砂利といった土石資源がもっとも多い

環境共生

# 使い心地の良い建築をつくる

建築をつくる目的は、人々の生活に必要な空間をつくり出すことです。建築計画の分野には大きく二つの側面があります。

　一つは、建築物をつくる目的を明確にし、建築物のさまざまな要求や条件を探りながら、具体的なかたちにまとめていくための指針を設定する「手続き的」側面です。利用者が空間に対してもっている潜在的な要求を読み解き、機能的条件を満たしながら、計画に不可欠な経済的裏付けや適切な技術的手段の選択を行います。

　もう一つは、人々の生活と建築空間の関係を正しく把握し、法則性を抽出する「実体的」側面です。人と建築現象の間に課題を発見し、人の行動と建築空間の関係性の解読を通して、人と建築の未来を提示します。永く愛される建築をつくる知見の蓄積は、建築計画学の醍醐味の一つと言えます。

### 統合的学問としての建築計画学

　建築は、一つとして同じものがありません。建物が建てられる敷地はすべて異なり、周囲の環境から与えられる条件や地盤の状態は必ず違います。その意味で建築は一品生産です。また服や自動車のように店頭で試着や試乗を繰り返して性能や価格を吟味できる製品と異なり、購入時に建物がまだ建てられていないことがあります。「完成して受け取ってみたら思っていたものと違った」とならないように、事前に機能・性能・デザイン・価格等を総合的に検討しておくことが重要です。建築は購入に多額の費用が掛かるうえに、一度つくると簡単には取り壊せません。使い勝手の良さ、将来的な使い方の変化の可能性を含めて、永く大切に使われる建築をつくることは重要な視点です。

　ローマ時代の建築家ウィトルウィウスは、建築の三要素として「強・用・美」を挙げました。「強」は人の生活の安全を守る技術で、自然災害が常襲する日本では、建物の耐久性を高めるために常に時代の最先端の技術が用いられています。また「美」は造形的な美しさで、建築は大きな構造物であるがゆえに、視覚的な壮麗さだけではなく体験する対象としての普遍的な美しさが追求されます。「用」は建築の使い心地で、人の空間に対する要求を満たすよう機能的かつ合理的に計画すると同時に、その空間を使用するすべての人への配慮が求められます。建築計画はこの機能性を考える分野に位置し、空間を計画することで人々の生活や行動を広げる可能性を拓くことを目指します **Fig.01**。

　またウィトルウィウスは、建築は「強・用・美」の理を保つようにつくられるべきだと説きました。もともとは建物を建てるために必要だった建築の技術、高度に専門化・分業化された結果、現代の建築技術は、建築意匠・建築構造・建築設備・建築材料・建築施工など多方面に分化しています。建築をつくるには、建築の目的

**Fig.01**「ポンピドゥー・センター」
（レンゾ・ピアノ、リチャード・ロジャース、1977年）
レンゾ・ピアノ、リチャード・ロジャースらによって設計された
この近代美術館は、設備や動線を剥き出しにしたデザインで注目される

## Chapter 5

や意図、さまざまな条件を明確にしたうえで、具体的な
かたちにまとめていく必要があります。必要な諸室・面
積・機能・与件等を整理し、それぞれの専門技術が十
分に発揮されるよう調整・統合して、調和の取れた建築
をつくる、このための技術もまた建築計画です。

### 建築計画学と生活様式

古来より、人がいる場所には生活に必要な建築が
つくられてきました。それらは建築計画学にもとづいて
つくられたというより、自然発生的に成立し発展するな
かで合理的で実用的な建築が共有され受け継がれて
きたと言えます。明治期になり西欧風の生活様式が入
り始めると、外国人技術者により洋風建築の技術もも
たらされます **Fig.02**。客観的・科学的方法論に即した
洋風建築の考え方が一般化していくなかで、欧米から
移入された建築計画論や建築原論をもとに、日本の実
状に合わせた建築活動が見られるようになります。

初期の建築計画学は、社会制度や建築技術が
大きく変革した戦中戦後期に発展します。戦後の復興
の過程で住宅や学校、病院などの同種の機能をもつ
建物が全国各地で必要になると、一定の性能以上の
品質を確保した建築を効率良くつくるための基準が必
要になります。建築計画の知見から導き出されたこれ
らの基準は、同時に新しい暮らしの枠組みを提示し、
人々の生活をあるべき姿に誘導するために大いに活か
されていきます。

**Fig.02**「旧山邑家住宅」(フランク・ロイド・ライト、1924年)
アメリカ人建築家フランク・ロイド・ライトは、当時まだ珍しかった
鉄筋コンクリート造4階建ての個人邸宅(別邸)を設計する

### 建築計画学の視座

あらゆる建物を対象とする建築計画では、多元的
な視点から人と空間の関係を読み解きます。ここでは
代表的な手法をいくつか紹介します。

建築のさまざまな要求や条件を整理して全体の
指針を決定する際に、たとえば住宅や学校、病院や劇
場など同じ種類の建築に共通して含まれる事項のなか
には、あらかじめ知っておいたほうがよいものがありま
す。これらを体系化してまとめておくことで、設計に取り
掛かる際の初期条件を明確にし、合理的に計画を進
めることが可能になります。生活様式の変化や技術の
進歩により発展が著しい領域ですが、人と建築の関係
に潜む法則性の新たな発見は、建築計画学の醍醐味
とも言えます。

一方、人の活動と空間の対応について、建築の
種類に関係なく共通する事項を扱う領域があります。人
がさまざまな活動を行なうために必要な広さや数量を、
寸法計画や規模計画、動線計画として扱います。人の
大きさや動作能力にもとづくそれらの指標は、子どもや
高齢者、車いす使用者などによって異なるため、空間
を共有する人の振る舞いを知っておく必要があります。
無限の可能性があるデザインの世界にも、使い勝手や
経済性などにもとづく合理的な数値があります。部品や
構成材の互換性を高めるために規格化を行ない工業
化を図る建築生産技術には、人と建物にもとづく寸法
が深く関わっています。

建築空間のなかで活動するとき、人はさまざまな
感情や感覚を覚えます。たとえば、他者との距離が極端
に近いと、身体の向きを変えたり顔を背けたりしたくなり
ます。人がその空間を心地良いと感じるためには、周囲
の環境が人の心理に与える影響を整えておく必要が
あります。建築計画には、空間の明るさや温湿度、音な
どの環境工学、対人距離や居心地の良さなどの関係
のデザイン、認知や記憶などの知覚にもとづく空間認
識などを適切に整えて、人と環境の関係が調整可能な
ものとして有効に機能するように空間をつくる視点も含

まれています **Fig.03**。

　建築は白地図上にその建物だけがポツンとあるように存在するものではありません。実在の空間のなかで計画され、人に使われることではじめて存在する意味が出てきます。建築のもつ機能を単体の建物のなかだけで考えずに、複数の建築や周辺地域との関係のなかで捉えようとする視点があります。個々の建築に必要な機能を検討するときに、生活領域や施設配置の視点を踏まえて求められる条件を抽出し計画することは、単体の建物を有効に活用するうえでとても重要な視点です。

———

### 建築計画学の現在地と未来

　建築計画研究は、人と空間の関係の客観的な観察・記述を通して、空間に生じる矛盾やズレを解消するだけでなく、そこに潜む法則性を発見し、それをのちの建築計画に適用し実践することを主目的としています。その範囲は多岐にわたりますが、住宅や各種建物などの領域を中心に、建物の使われ方をアンケートやヒアリング、観察等によって調査し、その結果を統計的に解析し説明する研究が主流を占めています。他方、観察や計測に新しい技術を導入することも多く、現場の観察以外にも、シミュレーションや理論化・モデル化研究などが行われています。高齢化・環境問題・自然災害などの社会的ニーズに即応するだけでなく、昨今では建物の用途変更・保存活用・改修再生など、時間の要素や持続可能性に考慮した研究も行われています **Fig.04**。

　早速、建築計画の視点をもって現在のまちを見回してみましょう。初めて訪れた場所でも迷わないような、認知しやすい空間構成と適切な案内表示が実現されていますか。車いす使用者や高齢者、マイノリティといわれる方々にこそ、使いやすい空間が整えられていますか。訪日外国人など異なる文化を背景にもつ人の利用に十分な配慮がされていますか。

　今の社会は先達の知恵の集積と改善のための不断の努力のうえに成り立っています。しかし社会の変化・生活様式の変化・他者との関わり方の変化等に柔軟に対応できるよう、あらゆる人が住みよい空間を目指

し、常に改善し続けていくことが求められます。

　現在、新型コロナウイルス感染症の流行を端緒として、建築空間のあり方や考え方に変化が見られようとしています。ネットワーク技術を活用することで人が必ずしも同じ空間にいなくてもよいとする考え方が共有されたり、住空間に求める機能に広がりが見られたりしています。同時に他者と同じ空間を共有することの意味や価値を再認識する機会にもなっています。人と空間の関係が新しい局面を迎えるとき、建築計画の領域に蓄積された知見は、きっと新しい生活を誘導する基礎となるでしょう。そして多様な実践の現場の解明を通して、次世代の建築空間をより良質に構築するための新しい知見の提示が建築計画に求められています。

———

[**境野健太郎**]

**Fig.03**「岩崎美術館」（槇文彦、1978年）
槇文彦設計の「岩崎美術館」は、連続的に広がる展示空間を、
ハイサイドから採り入れた光と床面のレベルの操作で
分節する手法を取る

**Fig.04**「石川県西田幾多郎記念哲学館」（安藤忠雄、2002年）
安藤忠雄が手掛けた哲学者西田幾多郎の遺品や原稿等を展示する
哲学専門のこの博物館には、思索のための空間が随所に設けられている

# 生活に関わる施設を設計する、……その前に

山下てつろう

## どんな規模でつくるのか?

建築学部を卒業すると学生たちは多種多様な職業に就き、建築がつくられる前から後までのさまざまな段階に、それぞれ関わっていくことになります。設計事務所やゼネコンなどの建設業やハウスメーカーなどの住宅産業、マンション・ビル管理業、不動産業やその他一般の企業や各種法人、自治体等々です。また関わる建物もいろいろで、集合住宅やオフィス、劇場や美術館・博物館、図書館や学校、病院や高齢者施設、体育館や競技場、駅やショッピングセンター等々、まちにある雑多な建物のすべてが仕事の対象であり、建築計画の対象でもあります。

　そこでまず、人々の要望に応えるため、さらには企業の利益のためにある施設をつくる計画がもち上がったときのことを、病院を例に考えてみることにしましょう。

　地元の要望に応えるためにはできれば大きな病院をつくるほうが良いのですが、人口が少ない地域であれば、そもそも患者さんが少ないうえに、立派な医

**Fig.02** 大きな病院と小さな病院、どんな機能と性能でつくるのでしょうか

療機器を備えてもそれを使う病気が稀にしか発生しない。そうなると経営的には、建設費の返済はもちろん、その建物を使うために必要な冷暖房、清掃や修繕など日常的に掛かる費用、医師や看護師、技師や事務職の人たちの人件費は賄えず、倒産してしまう……、こんな事態になってしまいます。しかし小さな病院や診療所だと、急に具合が悪くなっても救急車が来てくれるまでに時間が掛かってしまい地元の人々に満足のいく医療は提供できません。

　このように建築をつくるためには、

どこに、どれだけの規模・性能の建物をつくるのかという検討から始まります **Fig.01,02**。

———

## 建物の使いやすさとは?

つくる建物の場所や大きさ・機能が決まったら、次の段階はその建物の設計です。

　建物は美しく、また安全にありたいですね。しかし同時に使い勝手も良くないといけません。劇場でしたら、舞台が良く見えて良い音響であること、美術館や博物館だったら、静かに鑑賞できたり理解できたり、図書館だったら……等々、さまざまな施設の機能に応じた使いやすさが求められます。

　病院や診療所だったらどうでしょう。病気さえ治ればよいと言えるでしょうか。やはり不安な気持ちを和らげてくれる空間のほうがよいでしょう。でも美しさだけでは十分ではありません。そこで働いているスタッフが無駄なく仕事ができて心に余裕ができ、また間違いも少なくなるような建物や環境でないと、患者さんに優しく接することや、安全を提供できません。

**Fig.01** 都市から過疎地に至るまで、建築をつくる場所はさまざまです

建築計画

Fig.03 看護師は1日に4km近く歩き、その間ずっと立ち作業です

皆さんやご家族が病気になって入院し、いつ急変するかわからず不安な状況に置かれた場合、いつも医療スタッフの誰かに見守られていたい、あるいはもしものために万全の医療設備や体制が整っていてほしいと思うことでしょう。しかし一方で医療スタッフは、それが仕事とはいえ、いつも動き回っていては疲れて身体が参ってしまいますし、また高度で高額な医療設備を、万一の場合に備えて潤沢に整えておくわけにはいきません Fig.03。

その建物をつくる人、あるいは管理や運営を行っている人にとっては、求められるサービスを提供するために湯水のようにお金を掛けてよいということはないのです。また誰にとって使いやすいのか、どんな建物での使いやすさなのか、またそれらの費用対効果など、立場や状況によって、その建物に求められる価値観や機能・性能は違ってくるのです。

### 人も建物も、寿命は長い！

皆さんが生きてきた15年余りの間に、世のなかではどんなことが起こったで

しょうか。新型コロナウイルス感染症の世界的流行は記憶に新しいところですが、そのほかにも、ゲノム解読からiPS細胞の発見とノーベル賞受賞、東日本大震災と福島第一原発の炉心溶融、ゲリラ豪雨や線状降水帯、リーマンショックなどの経済危機、IT技術とスマートフォンの飛躍的発展と普及等々、さまざまなことが起こりました。たった十数年のこうしたできごとに対応して、世のなかは大きく変わったのですが、100年近い寿命をもつ人間や建築は、この目まぐるしい変化

になかなか対応できません。

病院では、MRI・CT、PCR検査といった新しい診断機器が登場してきました。またリハビリテーションや手術方法等々の治療分野にも大きな変化が生まれています。何より社会の状況や、われわれの生活水準が大きく変わりました。たとえば個室での生活が当たり前になり、その変化に伴って、病院の病室は個室が求められることになったのです Fig.04。

ではこのような変化に対して、建築はどのように対応すればよいのでしょうか。先を読んで建築の姿を考えることも必要です。

### 建築計画って何？

建築に関わるさまざまな人々の立場を総合的に、またつくる前からつくられた後まで考えて設計する知識が建築計画です。どの部分にどのように関わるにしても、建物の一生とそこに関わる人々のことを思い描いて建築をつくりたいですね。

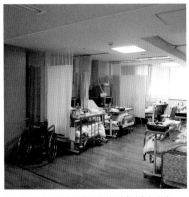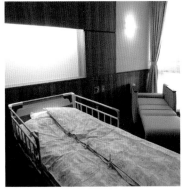

Fig.04 これからの時代は個室が求められます。
しかしお金は掛かるし、どうすればよいのでしょうか。それを考えるのも建築計画です

# 人と環境の関係を解読する

境野健太郎

## 建築に関わるということ

過ごしてきた環境を振り返ってみると、家や学校、文化施設や運動施設、商業施設や娯楽施設など、じつにさまざまな空間を利用していることに気づきます。多くの人にとっての建築は、外から与えられた空間をどのように使うかが主眼であり、建築との関わり方は利用の仕方として身に付いているのではないでしょうか。

　一方で、建築の世界で働くことは、自分を含む人と空間の関係をデザインすることを意味します。人が空間をどのように使うのか——それは、人が自ら空間に働き掛け自分の使い勝手の良いように空間を改変したり、逆に使い馴れた空間がその人の生活を支えたりする相互の応答関係の成立を含めて——を踏まえて、その体験の可能性をデザインしたり、人と空間の間に活き活きとした応答関係をつくり出したりする、社会的使命をもつ責

**Fig.02**「薩摩藩蒲生麓の武家屋敷」（竣工年不詳）。昭和初期以前に建てられた薩摩藩蒲生麓の武家屋敷、今日まで大切に住み継がれている

**Fig.03**「表千家不審菴」（1913年再建）。建築の豊かさとは何か、じっくりと考える

任の重い仕事です。

　では今まで利用してきた建築や空間の使い勝手や使い心地はどうだったでしょうか。まったく不満のなかった部分も、使いにくさが漠然と気になった部分も、具体的にもっとこうしてくれていればと不具合を感じた部分もあるかもしれません。建築を使う人の、この「何か使いにくい／もっとこうあったら良かった」と感じた視点にきちんと応え、人と空間の関係か

らズレや矛盾をなくしていく学問が建築計画です。

　空間をつくり出すプロフェッショナルとして建築に関わる人間に、欠くことのできない資質があります。それはデザインのセンスでも、溢れ出るアイデアでも、不眠不休でも倒れない体力でもありません。それはただ一つ、建築を使う人の身になって考えるということです。すごくシンプルなことのように思えますが、じつはとても難しいことなのです **Fig.01**。

## 環境を整える

一番身近な建築は、やはり住宅でしょうか。自邸を設計したいという思いから建築の世界を目指す人がいるように、自分の理想の家を建てる夢は、きっと誰もがもっているものなのかもしれません **Fig.02,03**。

　「住宅は3度建てないと理想の家にならない」とは、住宅設計の難しさを表す言葉です。使い勝手を慎重に考えても見落とす部分があるだけでなく、家族構成やライフスタイルの変化、歳を重ねることへの対応などすべてを予測することは簡単

**Fig.01**「ルイ・カレ邸」（アルヴァ・アアルト、1959年）。アルヴァ・アアルト設計の住宅、この住宅のために特別にデザインされた家具や照明器具が用いられている

ではありません。使う人が個人に限定される住宅でも理想の空間をつくることの難しさが指摘されるなかで、学校のように同年代の複数の人が利用する建物や、駅のように不特定多数の人が利用する空間では、その難しさは格段に上がります。

　学校を例に取ると、地域に開かれた学校を望む声とともに、安全面から防犯対策を高めた計画を望む意見もあります。児童がのびのびと育つ空間と教諭が授業をしやすい空間はつくりが違うかもしれません。建築をつくる際に、空間を使う人の立場の違いによって、その見方や考え方が異なることがあります。つまり建築とは、空間一つひとつに対する使う人のさまざまな意見を調整しながら、機能性や合理性、社会的妥当性を踏まえてつくられるものなのです。

　一方で、空間がそこに関わる人の活動を規制してしまうことがあります。たとえば、運営者が中心となり計画されることの多い福祉施設では、介護や管理のしやすさに視点がいきがちです。この十数年の間に日本の福祉施設は大きな転換期を迎えましたが、そこには福祉施設の主役はそこに暮らす高齢者であるとの信念に立ち、優しいまなざしと熱い思いで、高齢者の生活上の要求に丁寧に応え、施設の変革に取り組んだ建築計画者の姿がありました**Fig.04**。

**Fig.04**「マギーズ東京」
（本棟設計：篠田智信＋金子博宜／コスモスモア、アネックス棟設計：勝矢武之＋平井雄基／日建設計、2016年）。
がんを患った方やその家族・友人の訪問を受け止める、温かく落ち着きのある空間、
「中心のある家」を設計した阿部勤監修

**利用者目線で捉え直す**

建築をつくる仕事に関わることは、人（＝他者）の生活に関わることです。国際化や高齢化、価値観の多様化などが人と環境の関係を複雑にするなかで、他人のことはわからないからと、指示されたままに建築をつくるのでは芸がありません。より良い回答を提示するためには、空間を利用する人はどのような要求をもっているのか、どこに問題があるのか、提案したイメージは適切か、まだ気づいていない課題はないか等を捉える鋭い洞察力と、見えないものを捉える瑞々しい感性を備える努力が必要です。文化・風土・宗教・地域等のあらゆる情報に精通しておくことや、子どもや高齢者、障害者などの身体特性・行動特性への配慮を知ることで、建築をつくる際の視野を広げることができます。人と空間の関係をつくるには、知識や技術だけではなく、教養を身に付ける姿勢が不可欠です。思い込みや独りよがりでつくられた建築は、その空間を使う人を不幸にしてしまうことがあると肝に銘じ、常に利用者の立場から考える姿勢を大切にしてください。

**人に寄り添う建築**

時代の流れが速い現代では、人と環境の関係も一様ではありません。固着化した空間では、常に変化する環境に柔軟に対応することは難しいでしょう。今後はさらに人と環境が適切な応答関係を構築できるように環境をつくることが求められるでしょう。人と環境の関係を解読し、持続的なプロセスのもとで結果を建築の現場にフィードバックさせるその手法は、まさに建築計画が取り組んできたものにほかなりません。

　建築にはさまざまな価値があります。この建築を最後まで使い切っていきたいという人々の愛着を生み出す建築をつくれるかどうか、この視点をもって建築に携わる人が増えることを願っています。

# 6 建築構造

「国立代々木競技場 第一体育館」（設計：丹下健三研究室、都市・建築設計研究所、構造：坪井善勝、1964年）

# 計算より大切なこと

構造は建物を支持し、重力・地震力・風圧力など自然が与える荷重から建物を守ります。同時に構造は建物の形を定め、造形面でも大きな役割を果たします。

建築学部のカリキュラムでは、構造力学から構造の勉強を始めます。構造力学は基本ですが実際の構造設計では、計算よりずっと大切なことを人間的=総合的に考える必要があります。

ここでは構造をつくるとき技術者が何をどう考えるのか、簡単に述べてみたいと思います。

### 自然災害から建物を守る

構造は建物を支持し、自然災害から建物を守ります。日本は自然災害については世界でももっともシビアな地域の一つです。太平洋を取り巻く地震帯の真上にあり、最近でも熊本地震(2016)、東日本大震災(2011)、新潟県中越地震(2004)、阪神・淡路大震災(1995)**Fig.01**など、甚大な被害をもたらした地震が記憶に新しいところです。また最近は台風が強大化しており、台風21号(2018)や台風15号(2019)で大阪や千葉が深刻な強風被害を受けています。さらに2014年の冬には関東南部で豪雪があり、雪の重みで多くの屋根が崩落しています。

このように、温暖で快適な日本でもときどき自然が猛烈な勢いで人間と建物に襲い掛かってきて、多くの被害と犠牲者を生んできました。

日本建築学会は、災害から建物を守る構造の役割について次のように表現しています。「構造は建築を支える骨格であり、複雑な自然と対峙し、安全・安心を担うものである」。

建物が建っている間に、どのような強震、どのような強風に襲われるか、正確には誰も予想できません。「天災は忘れた頃にやって来る」(寺田寅彦)という名言もあります。

———

### 荷重と安全性のレベル

しかしながら構造の設計ではこの名言とは逆に、過去の記録、統計から建物の設計荷重を定めます。たとえば建築基準法では、50年に一度その敷地を襲う地震動・風・積雪による荷重を「まれな荷重」、400年に一度の荷重を「ごくまれな荷重」とし、まれな荷重を受けても構造は損傷しないが、ごくまれな荷重を受けたときは、多少骨組が損傷しても、大破・倒壊といった破滅的な壊れ方は避けるように設計します。ここでは人命保護が目的であり、地震後に建物が再使用できなくなっても仕方ないとします。したがって最近では「建築基準法は最低レベル」ともいわれています。

現在の建築基準法は1981年に制定された「新耐震設計法」が基本ですが、今は南海トラフ巨大地震、首都直下地震、富士山の噴火による火山灰の堆積など、当時の想定を超える脅威の発生が予想されています。これらが発生したときに建物に作用する荷重は簡単には

**Fig.01** 阪神・淡路大震災の被害

## Chapter 6

予想できません。また予想以下である保証もありません。

　一方で、建物の安全性にも無限の費用は掛けられません。限られた予算と厳しい条件(デザイン・施工・設計に掛けられる時間など)のなかで、構造技術者は少しでも優れた構造にしようと知恵を絞ります。

　とくにどのような構造にするのか、という構造計画の優劣が決定的に安全性に影響します。たとえば建築基準法の要求レベルが現在よりも格段に低かった時代の古い鉄筋コンクリートの建物でも、耐震壁の配置が良ければ震度6、7の激震を受けてほとんど被害がないといった例もあります。構造のかたち、バランスといった計算以前の構造計画がとても重要なのです。

　———

### 構造計画の効果を体感する

　このような構造計画の重要性と、その効果を実感する演習として、2年生の実験の授業の一つである構造基礎実験では、毎年「振動台耐震構造コンテスト」を行っています。

　この課題では、高さ1mの5階建て模型を数名のチームで設計・製作し、各階に1枚2kgの鉄板のおもりを載せ(計5枚)、振動台で強震を加えます。地震動はステージごとに徐々にレベルアップし、最終ステージ終了時にもっとも損傷が少ない模型を製作したチームが優勝です。模型製作には材料と予算の制限も課します。

　2年生前期の時点では構造力学の授業しか受けていないので、「どのような構造にするか」を考えるのは初の体験です。無残に倒壊する模型 **Fig.02** が多いのですが、ときどき感動的なまでに素晴らしい模型ができることがあります。

　**Fig.03** は普通の柔らかいスチレンボードでできた

模型ですが、下層ほど大きくなる層せん断力と転倒モーメントに構造の形を素直に対応させ、変形のバランスがよく部材同士の接合にも工夫がなされた典型的な靱性型耐震構造です。何度揺らしてもほとんど無傷でした。

　**Fig.04** は免震構造で、ビー玉でアイソレーターをつくっています。ビー玉を免震に使う例は多いのですがほとんど失敗しています。製作した学生は失敗の原因を考察し、その対策をして免震層を製作しています。ニュートンの慣性の法則そのままに、振動台が激しく揺れてもその上でこの模型はほとんど静止していました。

　このように構造計画とつくり方で耐震性には天地の差が出ます。優れた耐震性は計算以前の構造に対する洞察と直観が生み出すのです。

　———

### デザインと構造

　構造にはもう一つ、「優れたデザインを実現する」という重要な役割があります。

　しかしながら、建築家のイメージをそのまま力づくで実現するとさまざまな問題が発生することがあります。たとえば「新国立競技場」の設計では、2,600億円という巨額の建設費が理由で国際コンペの最優秀案が廃案になりました。構造技術者はデザインの魅力を引き出す一方で、合理的で実現可能な構造を考えなければなりません。

　1964年の東京オリンピックで完成した通称「代々木体育館」(国立代々木競技場 第一体育館、扉写真)は難しい形ですが、構造的には明快で、基本的に吊り橋と同じ構造です。ところが中央のケーブルから両サイドに流れる曲面屋根は2本の主塔の近くで急激に上昇し不自然な形となるため、自然な力の流れがそのまま構造の形になるケーブルネット構造ではつくれません。この屋根の設計を担当した構造技術者の川口衛は結局、曲げた鉄骨とケーブルのハイブリッド構造とすることでこの屋根を実現しています。曲げた鉄骨のリブが体育館の中から美しく見えます。ケーブルネットの力学的完全性を捨て、曲げた鉄骨を採用したことで美しい形

**Fig.02** 振動台上で倒壊した模型

**Fig.03** 靱性型
耐震構造の模型

**Fig.04** 免震
構造の模型

が実現したことを、構造設計全体を監督した坪井善勝は「美は（力学的合理性の）近傍にある」という名句で表現しています。

Fig.05は3年生「建築演習」の設計課題の模型です。市民体育館を設計するこの課題では、通常の建築計画に加えて構造計画と環境計画を要求し、最後は1/100構造模型を製作します。構造計画においては、構造として破綻がないことと、デザインの特徴・意図を活かす構造であるかが問われます。模型も1/100というスケールでは不安定な構造なら成立しません。先ほどの振動台の課題とはまた別の視点から、建築の総合性と、その重要な構成要素としての構造を考える課題です。

### デジタルとの長い付き合い

構造分野は建築のなかではもっとも早くからコンピュータを使い始めた分野です。1960年代よりNASA（アメリカ航空宇宙局）を中心に発展した「有限要素法（Finite Element Method）」という構造解析技術を基本に、地震応答解析など建築に必要な機能を追加、発展させ、現在はごく当たり前にコンピュータを使用しています。研究や設計でもしばしばプログラミングを行います。

最近では構造の形や部材断面（部材の太さ）を軽量化などの目的に応じて最適化する構造最適化が実用段階に入っています。手法としてはたとえば生物の進化における環境適応過程をモデルとした「遺伝的アルゴリズム（GA）」などが使われます。AIを使った最適化も研究されています。

さらに設計と施工を3次元CADをベースに結び付けるBIM（Building Information Modeling）や、木材や鉄骨の加工機械と連動したデジタルファブリケーションも実用化されています。

このように構造とデジタルとの付き合いは長く深いのですが、その分、デジタルの可能性も冷静に見ているかもしれません。

たとえば構造解析では、少し複雑な問題になると、コンピュータの計算に用いる数式と設定条件を少し変えるだけで計算結果が大きく変わり、何が正解かわからない、ということが起こります。必ず「コンピュータで解ければ正しい」というわけではありません。計算結果が正しいかどうか、結局のところ人間が判断しなければなりません。

その判断も含め「設計にAIを使えるのでは?」と思われるかもしれませんが、万能なAIは存在せず、まず膨大な例題をAIに学習させる必要があります。構造最適化にしても、最適化の目的や条件は設計者が与えなければなりません。

ただし建築基準法をクリアする四角いビルの構造を設計せよ、といった単純な問題はAIの得意分野です。構造に限らず、単純作業しかできない人はいずれAIに仕事を奪われていくでしょう。デジタルは強力なツールですが、それを自由につくったり、創造的に使いこなすことが今後は求められます。

### 最後は人間の総合力

安全性の追求、新しいアイデア、デザインへの貢献、デジタル技術の創造的活用などに含まれる、コンピュータでは計算できない要素に、構造のもっとも重要な真髄があります。結局は人間の総合力が優れた構造を生む原動力なのです。

[山下哲郎]

Fig.05 建築演習の優秀作品。右の模型では3DCADを使って曲面型枠を製作し、実際にコンクリートを打ってシェル構造をつくった

# 地震に強く美しい
# 木造建築をめざして

河合直人

**地震に強い木造住宅とは**

今日では地震に対して十分に強い木造住宅を建てることは決して難しくはなく、普通に行われています。しかし一昔前に建てられた木造住宅には、残念ながら耐震性能の不十分なものが多くあります。そこでわが国の木造住宅の耐震化の歴史を少し振り返ってみたいと思います。

1891年に現在の岐阜県本巣市付近を震源とする大きな地震がありました。断層が地表面に現れて、**Fig.01**の水鳥断層崖という高さ6mもの崖として残っています。

この地震では多くの建物が倒壊しました。お雇い外国人の一人で、鹿鳴館などを設計したイギリス人のジョサイア・コンドル（1852−1920）は、このときの地震被害調査にもとづいて、建築学会の前身である造家学会で講演を行っています。そのなかで日本の建物には筋かいと呼ばれる斜材や、足元をつなぐ木材である土台がなく、耐震性能上の問題だと指摘しています。この講演がその後の日本の木造住宅の耐震化の方向性を決定づけたと考えられています。

その後の地震被害調査や数多くの実験的研究の成果も踏まえて、筋かいを入れることが推奨されていき、1950年にできた建築基準法には、壁を一定量入れるという壁量規定が盛り込まれました。この壁量規定は簡易な規定でありながら、戦後の木造住宅の地震被害の軽減に大きく貢献したといわれています。この後、壁量規定は何度か改正されて、1981年に現在の姿になりました。

**Fig.02**は兵庫県南部地震（1995）での集合住宅の倒壊例です。戦後間もなく建てられた建物と思われますが、この建物が倒壊した理由は柱が細いからではなくて、1階の壁が少なかったからです。今日の基準に従えば、強くて十分な量の壁が配置され、このような被害は生じないと考えられます。

しかし今の基準にも修正の余地がないわけではありません。2000年には、壁の吊り合いの良い配置、柱頭柱脚の接合部などに関する具体的な基準ができました。これらの基準ができる前後でも、木造住宅の耐震性能が変わっているといわれています。

---

**伝統木造の地震時の揺れ方**

民家や社寺建築などの伝統木造には、一定の耐震性能をもつものもあります。伝統木造の耐震性能を調べることは、文化財の保護や活用に役立つばかりでなく、伝統的でかつ十分な性能をもつ建物の設計にもつながります。

伝統木造には、鴨居から上に壁があり、その下は建具になっているものが結構あります。建具を開けると開放的な空間となりますが、この柱と垂れ壁で構成される構造が、伝統木造の重要な耐震要素の一つと考えられています。

**Fig.03**は伝統的な構法の住宅を想定してこのような柱と垂れ壁からなる試験体をつくり、その振動実験を行った結果です。このケースでは柱が鴨居のところで折れてしまいましたが、柱が折れずに上の垂れ壁で壊れるようにすればもっと地震に強い構造になります。実験や解析を積み重ねて、今日ではこのような伝統木造についても、地震に強い建物を実現するための構造計算ができるようになっています。

**Fig.01** 水鳥断層崖（2008年撮影）

**Fig.02** 兵庫県南部地震における
集合住宅の被害例

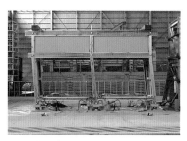

**Fig.03** 柱と垂れ壁からなる構造の振動実験

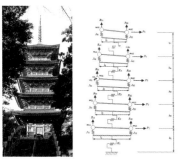

Fig.04 五重塔の振動モデルの例。
左は「妙成寺五重塔」（1618年頃建立）

伝統木造のなかでも五重塔は一見、倒れやすそうに思えますが、地震で倒壊した記録がないといわれています。五重塔の振動測定を行ったり、地震時の揺れを解析したりすることで、次第にその揺れ方と、地震で倒れにくいことの理由がわかってきています。

Fig.04は五重塔の振動モデル図、つまり計算で地震時の揺れを再現するために簡略化された五重塔です。振動測定で観察される五重塔の揺れ方が、この振動モデルでは上手く表現できます。またこの振動モデルを用いて大地震動時の揺れを解析すると、倒壊しないという結果が導き出されます。

この振動モデルには心柱は入っていません。五重塔の耐震性能上、心柱が効いているという説もありますが、これらの解析によると心柱の影響はあまり大きくありません。超高層ビルもそうですが、高い建物であるためゆっくりと揺れるので、地震時に共振を起こしにくいというのが、倒れにくさの第一の説明になると考えられます。

**大規模木造の構造設計**

日本では昔から大規模木造も建てられてきたわけですが、性能がきちんと確認できるのかという点が問題となり、一時、大規模木造が廃れた時期もありました。木造は住宅くらいの規模に使われるイメージがあるかもしれませんが、今日では構造性能をしっかり確認しながら、5階建てなどの多層建築や、体育館などの大規模建築も建てられるようになりました。

集成材ではない普通の製材を上手く使って、在来構法で建てられた学校の体育館もあります。Fig.05は、2015年に建てられた体育館の例です。積雪2mの地域ですので、その荷重に対する設計も大変なのですが、雪が積もったときの地震を考えた耐震設計がなかなか大変です。こうした木造建築では、柱や梁などの部材の設計もさることながら、力が集中してしかも弱点になりやすい接合部の設計が重要です。詳細な構造計算によって安全が確認され、このような木造建築が建てられています。

大規模木造建築物といえば集成材の利用が一般的ですが、集成材やLVLといった木質材料を上手に使って、構造建築物を建てようという動きが盛んになっています。またCLTという中高層木造に適した新しい木質材料が欧州で開発され、これを用いたCLT構造の建設事例も増えています。Fig.06はCLT構造の基準の検討を進めるなかで行われた3階建て、5階建てのCLT構造建築物の

Fig.05 「喜多方市立熊倉小学校体育館」
（創ライフ研究室、2015年）

Fig.06 CLT構造の震動台実験試験体
（2015年）

振動実験の試験体です。

このような4階建て以上の建築物になると、耐火性能も要求されます。燃える材料である木材を用いながら、十分な耐火性能をもたせる技術もすでにさまざまに開発されていて、今後さらに木造建築の可能性が広がっていくものと期待されています。

**木の文化を次の世代に**

日本には木材を建築に上手に使ってきた長い歴史があり、木のもつ温かみや美しさが多くの人に好まれています。木の美しさを活かしながら、地震に強い安全な建築物をつくる技術をさらに発展させて、木の文化を次の世代に伝えていきたいものです。

建築構造

# 建物を壊して理解する
# 安全な建物づくり

### 建物の骨

動物に体を支える骨があるように、建物にも自らを支える骨（骨組み）があります。また動物が進化するように、建物もまた技術の発展によって進化しています。建物を支える骨組みも、さまざまな仕組みが誕生していくことでしょう。

私たちは地震災害などから人々を守るため、骨組みを壊す実験やコンピュータによる解析を通じて構造性能を検証し、安全な建物をつくるための研究に取り組んでいます。

### 研究対象

私たちが主な研究対象としている建物の骨組みは、鉄筋コンクリート構造です。建物の骨組みには鉄筋コンクリート構造のほかに、木質構造と鉄骨構造があります。

鉄筋コンクリート構造とは、文字通り鉄筋とコンクリートを組み合わせた構造です。鉄筋とは棒状の鋼材を指します。

### 鉄筋コンクリートのこと始め

鉄筋コンクリート構造が誕生したのは、今から約150年ほど前です。コンクリート製の植木鉢を金網で補強したのが、鉄筋コンクリート構造の始まりだといわれています。しかしそれよりも前にモルタルを金網で補強したボート（舟）をつくった人がいたようです。

### コンクリート

コンクリートとは、石と砂をセメントペースト

という接着剤で固めたものです。セメントペーストとは、セメントという粉に水を加えて混ぜ合わせたもので、水和反応によって硬化します。

ちなみにモルタルとは、コンクリートから石を除いたもので、砂をセメントペーストで固めたものです。

### コンクリートの弱点

コンクリートの塊は大半が石と砂でできているので、とても安価です。しかしコンクリートは、押す力に強いけど、引っ張る力に弱いという弱点があります。専門用語で押す力を圧縮力、伸ばす力を引張力といいます。

一方、鋼材はコンクリートの圧縮強さに比較して、圧縮力にも引張力にも10倍程度強いです。ただし鋼材は、体積あたりの値段がコンクリートに比較して大変高価です。そこでコンクリートが引張力に弱いという弱点を少量の棒状の鋼材、つまり鉄筋で補強したのが鉄筋コンクリートです。

### コンクリートの壊れ方

たとえばコンクリートの塊を**Fig.01**のように、上側が凸になるように折り曲げたとします。

**Fig.01** 曲げる

ただしコンクリートだと硬くて変形が見えないので、スポンジみたいな柔らかいもので想像してみてください。このように曲げると、左側面は上側が左に移動して下側が右に移動します。右側面は上側が右に移動して下側が左に移動します。上側の左右の距離は長くなり、下側の左右の距離は短くなります。したがって、塊をこのように曲げると上側には引張力が作用し、下側には圧縮力が作用します。

この塊がコンクリートだとすると、圧縮力に強く引張力に弱いため、引張力により上側にひび割れが発生して壊れてしまいます。

### チョークもコンクリートと同じ

学校の教室の黒板に文字を書くために使うチョークもコンクリートと同じで、圧縮力に強く引張力に弱い材料です。**Fig.01**のように曲げて折ると、圧縮力でつぶれるのではなく、引張力でひび割れ、口が開くようにして折れます。

さらに圧縮力に強く引張力に弱い材料は、特徴的な壊れ方をします。チョークを**Fig.02**のようにねじって壊してみてください。

**Fig.02** ねじる

チョークは**Fig.03**に示すようにドリルの刃の先端**Fig.04**のような壊れ方をします。

建築構造

**Fig.03** 壊れたチョーク

**Fig.04** ドリルの刃

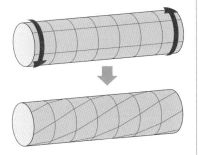
**Fig.05** ねじる変形

**Fig.05**に示すようにチョークの表面に縦横等間隔の線を引いて正方形のグリッドを描き、ねじったとき、正方形がどのように変形するかを考えてみます。

正方形は菱形に変形します。

次に正方形に**Fig.06**のように対角線を引いて、正方形が菱形に変形したとき、対角線の長さがどのように変化するか考えてみます。

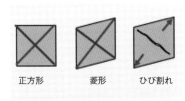
**Fig.06** 正方形から菱形に変形

**Fig.06**の青色の対角線は、菱形に変形した後は短くなります。赤色の対角

線は長くなります。チョークは引張力に弱いので赤色の対角線の方向に引張力が作用して、口が開くようにひび割れが発生します。その結果、**Fig.03**のように壊れるのです。ひび割れの角度は、かなり正確に45度方向に発生します。これが、圧縮力に強く引張力に弱い材料の特徴的な壊れ方です。

**鉄筋コンクリート構造の原理**

**Fig.07**のようなコンクリートでできた梁があるとします。

**Fig.07** コンクリートの梁

力が作用するとコンクリートは引張力に弱いので、ひび割れが生じて**Fig.08**のように壊れてしまいます。

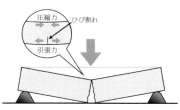
**Fig.08** コンクリート梁の壊れ方

そこでひび割れの生じる梁の下側に、**Fig.09**のように鉄筋を前もって埋め込んでおきます。

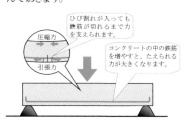
**Fig.09** 鉄筋で補強する

すると力が作用して、梁の下側にひび割れが発生したとしても、鉄筋が切れない限り力を支え続けることができるようになります。これが鉄筋コンクリート構造の原理です。前もって埋めておく鉄筋の量を増やせば、鉄筋は切れにくくなるので、より大きな力を支えることができるようになります。

**鉄筋コンクリート構造の仕組み**

鉄筋コンクリートの仕組みは、鉄筋がコンクリートを補強するという原理だけでなく、コンクリートが鉄筋を守っており、両者はとても相性が良いのです。たとえばコンクリートの中にある鉄筋は、空気と水に触れても錆びません。コンクリートのアルカリ性が鉄筋を錆から守るのです。

私たちの教える構造という分野は建築を学ぶ学生にとって難しい分野だといわれていますが、わかってくるととても面白い分野だと思います。

# 形の力

## 自然で合理的な構造

バルセロナにある「サグラダ・ファミリア聖堂」(1833–) **Fig.01**の地下には博物館があります。そこに一見不気味な模型が展示してあります **Fig.02**。この模型は逆さ吊り模型と呼ばれ、聖堂を設計したスペイン、カタルーニャ出身の建築家アントニオ・ガウディ(1852–1926)が「サグラダ・ファミリア聖堂」の構造の形を決めるのに使った模型といわれています。

ガウディが建設を開始した当時、「サグラダ・ファミリア聖堂」の主要構造部は一般的なヨーロッパの教会と同様、石

**Fig.01**「サグラダ・ファミリア聖堂」
(アントニオ・ガウディ、1883年–)

**Fig.02**「サグラダ・ファミリア聖堂」
地下博物館に展示された逆さ吊り模型

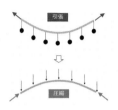

**Fig.03** 逆さ吊り模型の原理

積みでした。石を積む構造は基本的に圧縮力にしか耐えられません。教会の屋根にはアーチが使われますが、アーチの形が力学的に非合理的であれば曲げモーメントに伴う引張力が生じ、石を積んでつくろうとしても崩壊してしまいます。したがってアーチの形は圧縮力が支配的で、極力曲げモーメントが発生しない形(最適形状)とする必要があります。

最適形状のアーチの形を求めるには、糸に錘をぶら下げて懸垂曲線をつくれば可能です。このとき、糸には引張力しか生じません。この懸垂曲線の形を上下ひっくり返せば、圧縮力しか生じない理想的なアーチの形ができます **Fig.03**。ガウディはこの原理を利用し、逆さ吊り模型を使って「サグラダ・ファミリア聖堂」をはじめ、いくつかの作品の構造となるアーチを設計しています。その背景には、自然は無駄なく美しい、という彼の思想があったといわれています。ガウディの建築の独特な形は構造的合理性を追求した結果なのです。

---

## 空間構造は形態抵抗型構造

構造は、床を支え、何層にも高く積み上げる「重層構造」と、広く大きな空間を覆う「空間構造」に分けられます。

住宅から超高層まで、ほとんどの建築は重層構造です。一方でドーム、サッカースタジアムや体育館などは空間構造です。

重層構造は基本的に四角いラーメンの骨組みでできています。構造力学でラーメンを解くと大きな曲げモーメントが発生することがわかります。曲げモーメントを受けると、断面の端には大きな引張、圧縮応力が生じますが、中立軸付近には応力が発生しません。すなわち中立軸付近の材料は効かず無駄になっています。したがってラーメン構造は無駄のない構造とは言い難く、材料強度を使って力づくで荷重を支持している構造です。

一方で大空間の屋根を支えるのに、ガウディが使ったような最適形状のアーチや吊りケーブルを使うと、これらは軸力で荷重を伝達します。軸力は全断面が効くので、材料が無駄にならず、構造を軽く設計できます。

このように空間構造では形がとても重要です。形のもつ荷重伝達能力を利用する構造を「形態抵抗型構造」と呼ぶこともあります。

形態抵抗型構造にはアーチのほか

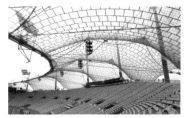

**Fig.04** ケーブルネット構造。
「ミュンヘン・オリンピアシュタディオン」
(ギュンター・ベーニッシュ、フライ・オットー、1972年)

Fig.05 鉄筋コンクリートシェル構造。
「豊島美術館」(西沢立衛建築設計事務所、2010年)

Fig.06 鉄骨格子のシェル構造。
「大英博物館グレート・コート」
(ノーマン・フォスター、2000年)

に、2方向の「面内力」で荷重を伝達する
シェル構造やケーブルネット構造 Fig.04、
あるいは膜構造などがあります。これらは
アーチよりさらに軽く薄い構造が可能で
す。シェル構造は鉄筋コンクリートの曲面
でつくる場合 Fig.05と、鉄骨や木材の格
子でつくる場合 Fig.06があります。

　スイスのイスラー(1926~2009)という
構造家がシェル構造もガウディの方法で
つくっています。石膏を染み込ませた布を
しわができないようにぶら下げると、布全
域に2方向の引張力が生じます。固まっ
たらひっくり返すと全域に圧縮が生じる
シェル構造になります。コンクリートは引張
には弱いが圧縮には強いので、まさにコ
ンクリートに適したシェルになります。

　2年生の構造基礎実験の授業では
この方法でシェルをつくる課題を課してい
ますが、布のぶら下げ方を工夫し、洒落た
シェルをつくってくれる学生もいます Fig.07。

### シェル構造の弱点「座屈」

建築を軽量化することは、施工費や建設
に伴う排出$CO_2$の削減に貢献します。こ
の面で形態抵抗型構造には大きな利点
があります。

　しかしながら形態抵抗型構造のな
かでも、圧縮力で荷重を伝達するアーチ
やシェルでは、圧縮力がある値に達する
と突然形がゆがんで崩壊する「座屈」と
いう現象が起きることがあります。Fig.08は
アルミと木造のシェルの座屈実験の様子
です。いずれも形が大きくゆがんで崩壊し
ていることがわかります。座屈は構造が薄
いほど起こりやすいので、座屈荷重を予
測することは、構造を薄く軽くつくるとき、
その限界を定めるうえでとても重要です。

———

### 空間構造をつくる現代の技術

形態抵抗型構造は曲面、曲線が多く3
次元的であり、2次元の「図面」ではとて
もその形が正確に表現できません。また
施工方法も3次元的に考えなければなら
ず、形が一つひとつ異なり、重層構造のよ

Fig.07 こうもりのシェル。
学生が逆さ吊り模型で製作

Fig.08 シェルの座屈実験

うに、マニュアル化して誰でもつくれるよう
にすることはできません。

　しかしながら、最近この分野には新
しいデジタル技術が盛んに導入されつ
つあります。コンクリートの自由な曲面に穴
の開いたドームをつくった「豊島美術館」
(2010) Fig.05や、「大英博物館 グレート・
コート」(2000)の屋根 Fig.06は、構造的
に多少無理のある平面形ですが、立体
的な曲面の形状をコンピューターにより最
適化して可能な限り軽く薄い屋根を実現
しています。このように最適化された曲面
は、球や円筒など、規則性のある幾何学
形状ではありません。したがって「手でつ
くる」従来の建築生産方式では大変で、
施工費も掛かります。そこで施工や部品
の製作にはいわゆるデジタルファブリケー
ションが用いられています。

　デジタル技術で形態抵抗型の利点
を活かした軽量構造がつくりやすくなる
と、空間構造だけでなく、重層構造も形
態抵抗型として軽量化できるかもしれま
せん。このようにガウディの試みは最新の
構造技術につながっています。

# 地震による揺れを抑える取り組み

松田頼征

## 建物の安全性を高める制振技術

建物は日々の生活はもちろんのこと、災害時にも人や財産を守るものなので、建物の安全性を確保することはたいへん重要です。日本の建物の安全性の水準は高く、海外では大騒ぎになる規模の地震や強風にも余裕をもって耐えることができます。このような安全性や居住性を保てるのは、建築構造の技術が縁の下の力持ちとなって建物を支えているからです。

とはいえ、自然災害による建物被害はなかなかゼロにできません。自然災害には強風・洪水・積雪などがありますが、日本では地震が代表格と言っていいでしょう。本来であれば建物は自然災害から人を守るものですが、現実には地震による建物の倒壊やそれに伴う二次被害によって多くの人が亡くなっています。

その地震被害を経験するたびに、建物に求められる性能も変化してきました。大まかに言うと、1995年の阪神・淡路大震災前後では建物が倒壊しないようにするための強さ、2011年の東日本大震災以降では地震後に建物を継続して使用できることが強く要求されるようになりました。そして2016年に起こった熊本地震では、避難生活での負担などによる災害関連死者数は地震によって直接亡くなった方の4倍程度であったという報告がありました。そのため建物を倒壊させないだけでなく、建物の機能を保持することや早期復旧させることが近年強く求められています。

そのなかで、制振構造の需要が高まっています。制振構造は建物に取り付けたダンパーと呼ばれる制振部材や制振装置で建物に入力される地震エネルギーを吸収し、振動を抑えるものです **Fig.01右**。従来の耐震構造では建物の一部を損傷させて地震エネルギーを吸収します **Fig.01左** が、制振構造ではそれをダンパーが担うため、大地震後でも建物自体は損傷せず、機能を維持することが見込めます。東日本大震災の際には、多くの建物でその効果が発揮されていることが、建物の観測記録から明らかになりました。

―――

## 実験による検証と理論による一般化

その一方で、制振技術はそれまでの技術に比べて歴史が浅く、未だ解明されていない部分もあります。こう言ってしまうと不安を煽ってしまうかもしれませんが、実際に建てられている建物は部材を大きくするなどして十分に安全性を保っています。ただ解明することでより合理的な設計をすることができますし、より余裕をもって地震に耐える方法の発見につながります。

そのなかでも、筆者らは接合部といわれるダンパーと建物をつなぐ部分の挙動の解明に努めています。接合部には建物の柱・梁・床・ガセットプレート（建物とダンパーをつなぐ部材）、そしてダンパーなどが一部に集まっています **Fig.02**。地震が起こるとこれらの部材がお互いに影響し合うので、接合部の挙動はかなり複雑になります。それゆえに解明することは困難ですが、接合部は建物のなかでも壊れやすい部分でもあるので手は抜けません。

挙動を解明するために、実験と解析を実施します。実験の種類はさまざ

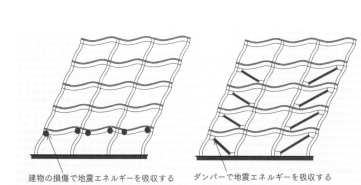

建物の損傷で地震エネルギーを吸収する　　ダンパーで地震エネルギーを吸収する

**Fig.01** 耐震構造（左）と制振構造（右）

デッキプレート（RCスラブ）　　接合部パネル

鉄骨梁

筋違型ダンパー　　ガセットプレート　　柱

**Fig.02** ダンパーが取り付く接合部

建築構造

**Fig.03** 有限要素法による解析

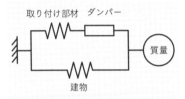

**Fig.04** バネ置換による解析

あり、実際の建物・建物を縮小したもの・一部を抽出したもの・模型などさまざまな種類の試験体に対して、実際の地震やそれを模した変形を与えるものなどがあります。

　解析の種類もさまざまあって、部材を単純な形状（四角形など）をしたばねの集合体としたもの（有限要素法）**Fig.03**から、一つのバネで建物の変形を予測する単純なもの**Fig.04**まであります。解析は理論にもとづいたものですので、これによって実験を再現できれば、実験で得られた知見が一般性な知見に近づきます。

　実験と解析の関係でもっともわかりやすいのは「フックの法則」です。フックの法則はご存じの通り、ばね剛性kのばねを長さxだけ変形させた場合、変形に必要な力Fはk×xで表されるというものです。実際のばねを使って変形を与えてみる（実験）と、フックの法則の関係（解析）とほぼ同じになっているはずです。

　これくらいわかりやすいとよいのですが、建築構造では一つひとつの部材がばねの役割をします。実験では建物を模した試験体に変形を与え、試験体全体や各部材に生じる力と変形を計測して、解析でそれらを確認します。実験と解析が一致しなければ、必要に応じた修正を解析に取り入れて、実験を再現できるようにします。当然、恣意的に実験と解析を合わせるような修正はせずに、実験結果の分析にもとづいた修正を施します。このようにして、一つひとつの影響を分析できます。

---

**複雑な挙動を単純化する**

解析で挙動を分析して実験を再現できても、実際に建物を建てる技術者の方々に理解されないと意味がありません。複雑な挙動であっても、一般的な理論や現象に置き換えて、単純化を図ることも必要です。

　**Fig.05**は筆者らが実施した実験、**Fig.06**は力と変形の関係を実験と解析をもとに比較したものです。実験では1/2に縮小した建物の一部分を試験体として、それに地震を想定した変形を試験体が壊れるまで与え続けました。解析モデルは柱・梁・床・ダンパーなどの部材一つひとつを、それぞれの特性に合った要素で再現した、構造技術者にも理解されやすいものです。設計で検討する変形レベル（$\theta=0.01$）において、解析は実験とほぼ一致しており、実験では計測できない細部の挙動の解明にも有効です。

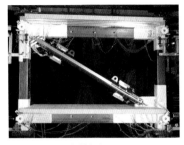

**Fig.05** 縮小部分架構実験

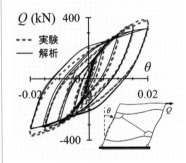

**Fig.06** 実験と解析の比較

　一方でこのモデルでは汎用的な解析ソフトと比較して計算量が多いことも事実なので、より単純化することが今後の課題です。もともとが複雑なだけに、単純化するほど不合理な側面が出てくるのも事実です。このあたりのバランスを取りながら、建物の安全性を支えていきます。

# 7 建築生産

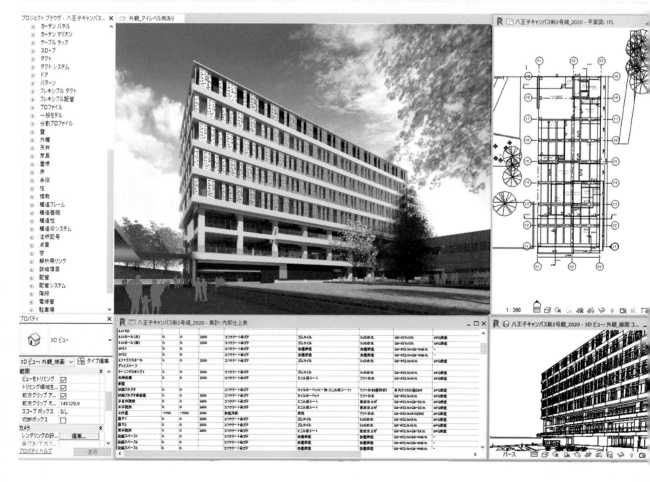

# 建築の「モノ」と「コト」

建築生産とは、建物をつくるために必要な、建築の「もの・こと」、さらには「ありよう(What to)・やりよう(How to)」のことです。

建築材料の開発・評価、建設現場での施工からプロジェクト全体のマネジメント、また建物の維持管理をライフサイクル全体としてとらえ、資産としてIoTを駆使したマネジメントを行うなどという幅広い分野と言えます。建築デザインやまちづくりにも影響する、建築全分野と密接に連携する学びの分野が建築生産なのです。

### 建物の体のしくみ

建築実務に携わるうえでの最初の学びとして必要なことは、「建築材料」の知識であり、多かれ少なかれ仕事上でも答えを求められるようになります。**Fig.01**を見てみましょう。まず建物というものは「屋根」「天井」「壁」「柱・梁」「床」など、大きく五つの部位で構成されています。そして各部位のなかに「構造材」「下地材」「仕上材」ならびに「機能材」という部位用途があります。人の体と比較してみるとよくわかりますが、「構造材」とは建物の骨格をなす部位で、人のボディ(骨や肉)に当たります。「下地材」や「仕上材」は下着や上着などボディ表面を覆う要素です。そして「機能材」は、靴や帽子などのよ

うに人が外部で行動するために便利に働く要素が該当します。じつは建物の体は、人の体の構成ととても似ているのです。

———

### 学びのストリーム

生産分野について知り、建物を学ぶストリームを俯瞰してみましょう。まず、建築の設計に始まり、材料製造・施工・維持保全ならびに解体・再資源化などの段階に向かう、建築のライフサイクル全体を意識した時間が流れていることを知る必要があります。そのなかに生産分野の端緒となる「建築材料」や「建築構法」という「もの」を課題を扱う学問があります。これにより構造材や仕上材料の基礎的知識が得られ、建築がさまざまな部位の組み合せでできていることが理解できます。また建築が土地と密接につながり豊かさが育つように、部材や材料も地域固有の地場産品であることを知ることも大切です。これはやがて、構法と材料における資源や地球環境との関わりへの理解に広く展開していくのです。

次に建築行為である「こと」の中心にある「建築施工」の学問があります。これは建築のライフサイクルのうち、主に現場で建物をつくる「施工段階」を中心とした

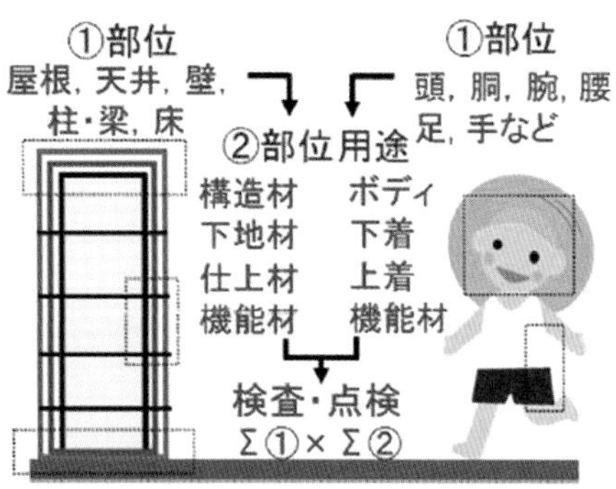

**Fig.01** 建築の体の特徴

**Fig.02** 「もの」「こと」を意識し、建築生産を学ぶ学生の姿

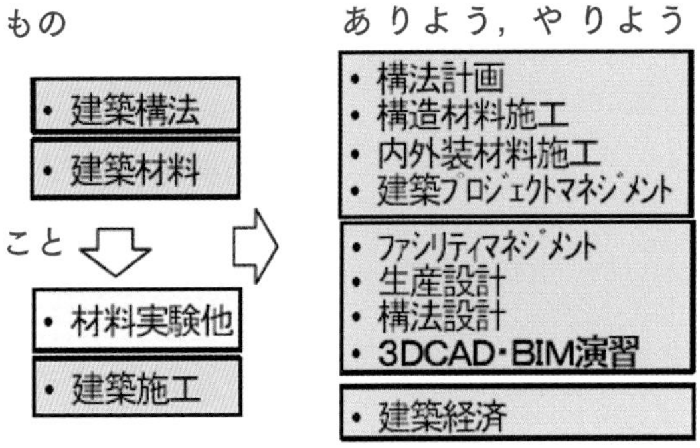

| もの | ありよう，やりよう |
|---|---|
| ・建築構法<br>・建築材料 | ・構法計画<br>・構造材料施工<br>・内外装材料施工<br>・建築プロジェクトマネジメント |
| こと | ・ファシリティマネジメント<br>・生産設計<br>・構法設計<br>・**3DCAD・BIM演習** |
| ・材料実験他<br>・建築施工 | ・建築経済 |

Fig.03 建築生産の学びのストリーム

建築実務で必須となる内容です。大学の教場では、実際の建築工事を模擬するために、型枠・鉄筋の加工に始まり、コンクリートの打設・タイル張りなどを実施工する「材料実験」などの実習などが展開されることが多いです Fig.02。

「もの」が実際にどのような「こと」でつくられているのかが理解されることで、建築ものづくりの根本への興味が引き起こされると言えます。

続いて、生産分野をより専門的に理解するために、「内外装材料」や「構造材料」のディテールの施工や、建築全体の「プロジェクトマネジメント」を学びます。これまでの建築の「もの」や「こと」に対する基礎的知識を活かして、自ら考える力を育むための応用的な学びの機会となります。

たとえば「屋根・床・壁・天井・開口部」などの各部の形状・役割を踏まえ、さまざまな専門のつくり手たちの協同作業により、建築プロジェクトが実現する有機的な連携を目の当たりにすることができます。ここでは「ありよう（What to Build＝構法）」や「やりよう（How to Build＝工法）」への、深い理解と専門的な知識が醸成され、建築生産の全体像が見えてくるのです Fig.03。

───────

［田村雅紀・鈴木澄江］

## 社会のなかに建つ

建築はアートとしての側面ももちますが、芸術家がアトリエで自ら試行錯誤してつくり上げる彫刻などとは異なるプロセスで世のなかに実体を現します。なぜなら建築は発注者の注文に応じ、敷地に固着し、周辺環境や関連法規などによる条件を満たしながら、専門的な施工者・技術者・技能者等の分業による施工過程を必要とするからです。

設計者は建築を設計図書で十分に検討する必要があります。部分的に工場や現場でモックアップ（実物大模型）をつくることもありますが、通常、試行錯誤する余裕はありません。

施工者は設計図書で示された建築を実現するため、設計情報を正確に読み取り、実際に施工するために必要な情報を付加し、多くの材料・部品、労務などのリソースを効率良く現場に集め、品質・経済性・工期・安全・環境をマネジメントして工事を進めます。現場作業の前に、工場での部品製作などの準備期間も要します。それに合わせ作業担当の業者や技能者が現場入りするタイミングの計画も必要です。工事を要領良く進めるために現場に設置される、仮設と呼ばれる仮囲いやクレーンなどの機材も設計者ではなく工事を担当する総合建設工事業者（ゼネコン等）が計画します。仮設は完成後に跡形なく撤去されますが、工事に必要不可欠なものなのです。

工事現場の主役は、材料・部品や技能者であることは間違いありません。しかし発注者が総合建設工事業者に払う工事代金が何に使われているかを調べていくと、じつはその半分程度が現場や事務所のなかで働いている技術者の給与や彼らを雇用する企業の一般管理費、すなわちマネジメントに使われているのです。これは受注生産ならではの工事量の変動への対応や、技術・技能の専門性により細分化・重層化した下請・外注の仕組みによるものもあります。その改善は古くて新しい問題である一方、高い専門性を確保した生産システムの維持コストでもあるのです。生産システムには約50万社の建設業許可をもつ企業群、約500万人の建設業就業者が関わり、これまで雇用のセーフティネットとしても機能してきました。そしてこの生産システムが動き出す起点となるのは、建物を必要とする発注者の注文です。発注者は個人から大企業、政府まで

さまざまです。発注者は建物のオーナーとしてだけではなく、敷地の用意、注文内容の決定や資金調達、設計者や総合建設工事業者の選定、完成後の運用にも責任をもたねばなりません。自動車のオーナーは、メーカーが決めたスペックや完成品のなかから選ぶことになります。しかし建築は、発注者・設計者・施工者からなるチームの協力、それを送り出す生産システムの存在を背景に実体化するのです**Fig.04**。

───────

[遠藤和義]

### BIMが開く新たな建築

これまで見てきたように、建物はメーカー品とは異なり、その建物の固有の条件に応じて、都度、新たにつくられるものです。ですから、建築生産の特徴を「一品生産」という言葉で表す人もいます。どの構法が適するのか、どの部材が必要なのか、どの材料がふさわしいのか、どの工法が効率的なのか、都度、選ばなくてはいけません。建築生産は、多くの「選ぶ」を積み重ねることでもあるのです。

もう一つ重要なキーワードがあります。それは「時間」です。建築だけに限った話ではありませんが、仕事には、時間的な制約があります。建物の完成はいつでもよい、といって建物を注文する人はいないでしょう。いつからその建物を使い始めたいのかを決め、それによっていつまでに設計を終わらせて、いつまでに施工を終えるのかも決まります。その決められた時間のなかでわれわれは仕事を行ないます。建築生産には、時間的制約が常に付いて回っています。

つまり今の話をまとめると「建築では、その建物ごとに、極めて多くの『選ぶ』ことを、時間的な制約のなかで行なわなければならない」ということになります。建築生産を学ぶ理由の一つがここにあります。建築生産の場で多くの「選ぶ」を行なうとき、その都度、そこで考えられる可能性を調べ、選択肢を作成し、それから比較検討していたのでは、とても時間に間に合いません。可能性にもとづいて選択肢を作成すること、比較検討すること、それだけでも多くの時間が必要です。そこには、一から調べている時間はありません。少なくとも、どのような可能性があるかは、前もって知っていなければならないのです。

今、IoTの技術革新が進むなかで、建築分野でも大きな変革が生じつつあります。それが、BIM（Building Information Modeling）です。具体的には、7-4で紹介しますので、ここでは、BIMによる変革について話をします。BIMはこれまでの「選ぶ」を変革します。BIMとプログラミングを併用すれば、これまでは時間的な制約から絶対に不可能であった1,000案、10,000案のパターンをつくって比較検討することも可能になります。さらにBIMでは比較検討の結果を、3Dによる視覚化、さらには建設や建物の経年変化といった時間軸を入れた4Dによる視覚化によって、直観的にわかりやすく表示することも可能です。「選ぶ」の可能性が、これまでとは比較にならないほど広がるのです。そしてこの「選ぶ」可能性の拡張は、新たな建築、新たな建築の仕方を生む可能性を秘めています。これから建築の道に進む皆さんは、この変革の瞬間に、一員として参加することができるのです。ぜひ、一緒に楽しんで下さい。

───────

[岩村雅人]

**Fig.04** 「工学院大学八王子キャンパス 新2号館」工事中の様子（左）と建築プロジェクトのチーム（右）

# 建築のライフサイクル（一生）をマネジメントしよう

## 建築にも一生がある

建築は、企画・設計・施工というプロセスを経て産まれ、一定期間、われわれの生活空間として機能し、解体、除却というライフサイクルを送ります。その間にわれわれのライフイベントにも似て、自然災害の影響、疲労や加齢による劣化、部分的な改修やリニューアルなどを経験します。そして建築の寿命は、われわれのそれが個々に異なるのと同様に多様です。われわれが寿命を想定して生きるように、建築の寿命も以下の三つのモデルで想定しています。

## 物理的耐用年数

建築では、自然環境によって、それが構造的耐力を失って倒壊する、あるいはその危険を避けるために終える寿命を物理的耐用年数と呼んでいます。鉄筋コンクリート造であれば、コンクリートの中性化速度と鉄筋のかぶり厚さの関係で、中性化が鉄筋に到達するまでの期間がそれにあたります。

　地震や台風など自然災害の多い日本では、それらによる確率的には低い倒壊等も今や加味する必要があります。それは多くの人が生命保険に加入するわれわれの寿命に通じるところもあるのです。

## 社会的耐用年数

一方、建築の価値は社会や経済環境によって変化します。たとえば東京都の調査によると、都内に2006年に963軒あった銭湯が2019年末には520軒にまで減っています。これには自家風呂保有率の上昇による銭湯利用者減による転廃業があるといわれています。ただし銭湯の立地を活かしてコミュニティ施設やカフェなどにコンバージョン（建物用途の変更）されて、延命する場合もあります。

## 経済的耐用年数

建築を建てること、買うことは対価を伴う投資にほかなりません。投資とはお金を土地や建築・株・人材などに投下して、将来、投入した金額以上の利益を期待する行為です。オーナーや発注者は期待する利益が得られなければ、投資は失敗と判断します。そのため近隣に利用され、愛されている建築がオーナーの判断で壊されることも起こります。公共建築でもその維持に多額の費用が掛かり、それがもたらす利便に見合わないと納税者や首長が判断すれば、その寿命は長らえません。

## 建物の一生をマネジメントする

そしてこの三つの耐用年数は、密接に関係しています。物理的耐用年数も確定的なものではなく、その社会的な価値が高ければ、Fig.01に示すように、劣化に対抗する修繕や性能向上をねらった改修を施して延命します。

　鉄筋コンクリート造のマンションでは、全面に足場を架けた大規模修繕を15年程度の周期で実施します。居住者にとっては、かけがえのない生活空間で維持すべき資産です。足場の中では、コンク

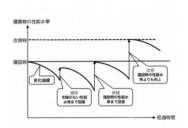

**Fig.01** 建築のライフサイクル

リートの中性化を早めるタイルの浮きやコンクリートのひび割れの補修が行われます。そのためにマンション居住者は管理組合をつくって、計画的にその費用を積み立てています。すべての建築やインフラのライフサイクルは、このようにマネジメントされる必要があります。その結果、欧米と比較して短いといわれてきた日本の建築の寿命も確実に延びているのです。

## 人の一生と建築の一生の蜜月

日本は世界有数の長寿命国になりました。2019年のデータによれば、平均寿命は女性が香港に次ぐ世界第2位の87.45歳、男性は香港、スイスに次ぐ同3位の81.41歳で、ともに過去最高を記録しています。女性の約半数は90歳近くまで生きることを意味し、「人生100年」は間もなく実現します。これは医療の技術革新に加え、高齢者の健康意識の高まりも影響しているといわれています。

　日本の戦後は、荒廃した国土と400万戸の住宅不足でスタートしました。戦前・戦中は医療が整わず、乳児死亡率が高い多産多死社会で、それが戦後間もない1950年の人口ピラミッドを形づくっ

ています。**Fig.02**に示す、まさにピラミッドと呼ぶに相応しい形状です。

当時の平均寿命は50歳を下回っていましたが、その後の医療や社会環境の改善によって、乳児の死亡率は急速に下がりました。戦後ベビーブームに誕生した赤ちゃんたちの大きな塊は、後に「団塊の世代」と呼ばれる人口構成最大のボリュームとなったのです。

彼らのライフイベントは、病院・教育機関・住宅・工場・事務所・レジャー施設・高齢者施設など過去にない建築の需要を生み出してきました。1960年頃には、将来の都市部の住宅需要急増を見込んで、住宅メーカーの創業が相次いでいます。1980年代後半の「バブル経済」の需要増も彼らが働き盛りで住宅取得期に当たったことが影響しています。この時期、日本の建築着工床面積は2.5億 $m^2$ を超え、仕事を十分にこなせず、工事費が高騰しました。この日本の建設市場の隆盛を世界が注目し、日本の大手ゼネコンはほぼ国内需要のみで世界の売上高ランキングのトップに君臨しました。

---

### デモグラフィックチェンジ

現在の世界の同ランキングのトップ10は、じつに7社が中国勢で占められています。日本勢の最上位は15位にとどまり、その売上高はトップの中国企業の10%にも満たないのです。

国内の建設市場は、バブル経済時のピーク84兆円の7割程度60兆円まで下がりました。団塊の世代が75歳以上の後期高齢者となる2025年もすぐそこです。先ほど見た人口ピラミッドの2045年時点の予測を**Fig.03**に示します。皆さんは、現在の尺度で40代の働き盛りに相当します。団塊の世代は100歳です。70歳にあるボリュームゾーンは団塊の世代の子どもたち「団塊二世」です。彼ら以降、出生率は下り続けたことがわかります。良いネーミングとは思いませんが、この人口ピラミッドの形は棺桶型と呼ばれています。

こうした、少子高齢化による人口構成の劇的な変化を英語で「デモグラフィックチェンジ」と呼び、世界が今まさに取り組まねばならない課題の一つといわれています。

---

### 建築生産のあり方の再構築

建築の寿命は延び、人間の寿命も延びました。どちらもその一生を全うするためには経済的負担を必要とします。人と住宅のマッチングの難しさも全国平均13%の空き家率が如実に物語ります。

2019年までは、震災復興、都市部の再開発、東京2020オリ・パラ関連工事などの需要増によって建設費は高騰しました。建設業界はバブル経済期を上回る好業績に沸いたのです。ただしその中味を見ると、建築着工床面積はピークの約半分1.3億 $m^2$ にとどまり、建設業技能者数は団塊世代のリタイアでピーク464万人の約71%、330万人程度になり、需要も供給も縮小しているのです。

今後、想定される大規模災害、国際市場への挑戦と貢献、国内需要の喚起、BIM、IoT、ロボティクスなどイノベーションを取り込んだ省力化、生産性の向上など、建築生産分野には、責任をもって取り組まねばならないテーマがたくさんあります。

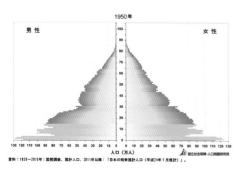

**Fig.02** 1950年の人口ピラミッド

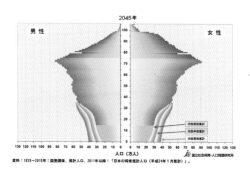

**Fig.03** 2045年の人口ピラミッド

# 社会に役立つ
# コンクリート技術の確立

鈴木澄江

**構造物の不具合と材料・調合・施工を考える**

現在、日本各地の建物に鉄筋コンクリートが一般的に使われていますが、これらのコンクリートが本格的に普及し始めたのは、前回の東京オリンピックが開催された1960年代からです。

建物を長期的に健全に保つためには、構造体として使用されているコンクリートに十分な耐久性が要求されます。

コンクリートを施工する際に、不具合が発生 **Fig.01** してしまうことや、晒される環境や、時間の経過に伴いコンクリートが劣化してしまうことがあります。構造物に不具合や劣化が生じないようにするためには、コンクリートに使用する材料をきちんと管理し、その調合が適切なものになっていることが大切です。

さらにコンクリートを施工するにあたっては、不具合が生じないように配慮をした施工計画のもと工事が実施されます。しかし現場における施工には、さまざまな要因が影響するため、やむを得ず施工の不具合が生じてしまう場合が

**Fig.01** 施工の不具合の例。柱の「豆板」

あります。

わが国におけるコンクリート構造物の歴史は約1世紀であり、高度経済成長期からの急速な技術の発展のもとに成り立っています。災害大国である日本において、今後も健全な建物を建設していくことは、とても大切な使命であり、そのためにさまざまな研究に取り組んでいく必要があります。

———

**5G時代の品質管理と検査**

これからの時代は、通信能力の著しい向上に伴い、大量のデータが手元の端末(たとえばスマートフォンやタブレットなど)で管理できるようになります。現在は未だ、さまざまなものが紙で処理されていますが、2020年のコロナ禍の影響を受け、リモート化に伴い一層のペーパーレス化、あるいはキャッシュレス化などのシステムが大幅かつ急速に変化する可能性が推測できます。

建築生産の分野においても今後、各種の建築材料の品質管理や検査 **Fig.02** などに、効率化と生産性向上を兼ね備えた新たな仕組みが求められる時代となり、それらへ向けた実用化への取り組みが進むことになることでしょう。

建物に使用されるコンクリートは、レディーミクストコンクリート工場で生産されます。国内には2021年2月現在、2,822件の産業標準化法にもとづくJIS認証工場が登録されています。これらの工場においても今後、生産性向上に向けた新たな取り組みが期待されます。施工現場においても、検査の合理化と効率化を目的として、AIを活用したコンクリートの全量検査の取り組みなどがゼネコンにより

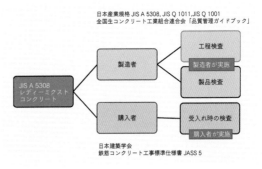

**Fig.02** 生コンクリート検査の例。右図はJIS A 5308に関する検査について

建築生産

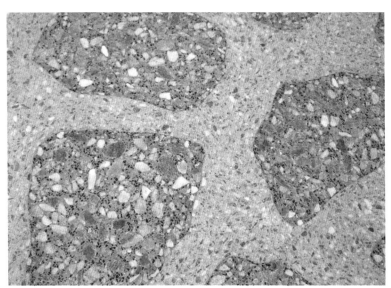

Fig.03 副産材料を使用したコンクリートの例。スラグ骨材を使用

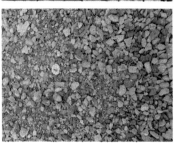

Fig.04 再生骨材の例。
上は再生粗骨材、下は再生細骨材

進められています。

　これからの時代に即した新しい技術の実用化に向けた取り組みが加速し、産官学の共同研究など、本学でも取組む課題は数多くあります。今後さらなる技術開発に取り組んでいきたいと考えています。

———

**環境配慮型コンクリートのあり方とは？**
近年、鉄筋コンクリート工事には省資源、省エネルギーおよび環境負荷物質低減の環境配慮が要求されます。日本建築学会の『建築工事標準仕様書・同解説 JASS 5 鉄筋コンクリート工事』の第1節_総則にも、その旨が記載されています。

　コンクリートはセメント・水・骨材（砕石や砂など）と混和材料を混ぜてつくられますが、その約7割は骨材です。コンク

リートに使用される骨材は天然資源であり、これらの枯渇は80年代から叫ばれています。この材料を副産材料 **Fig.03** やリサイクル材料 **Fig.04** などに置き換えていくことで、環境負荷の低減および $CO_2$ 排出量の削減などにつながり、企業が取り組む ESG や国連サミットで採択された SDGs の取り組みに貢献することができます。

　これらの環境配慮型のコンクリートについても建物に必要な要求性能（構造安全性・耐久性・耐火性・使用性など）を確保できるものでなければなりません。そのため材料を選定し、フレッシュコンクリートの性状、施工性、力学特性および耐久性などの品質を確保できる調合についても検討を進めています。

　あらゆる領域においてイノベーショ

ンが加速することはポストコロナ時代の数少ない希望の一つかもしれません。環境配慮型コンクリートについても、そのあり方を工夫した取り組みを、若い皆さんたちの新たな発想とともに議論をしながら進めていきたいと考えています。

# 環境にやさしい材料開発が命ずるもの

田村雅紀

## 古生代からやってきた
### 素材・材料のアイデンティティ

「地球」「地殻」「素材」「材料」……。私たちがつくり、使う建築物は、数十億年の地球史にまで遡るような遙かなる旅を経た、地球の地殻構成材料の恩恵を多分に授かっており、今日まで成り立ってきました。

日本は海岸線が長く、列島周辺には硬く頑強なユーラシアプレート、海中生物の堆積物を多く含んだ太平洋プレートとフィリピン海プレート、そして大規模プレートに挟まった北米プレートに囲まれています。この四つのプレートの移動・衝突により、日本列島は複雑に岩盤が隆起し、割れなども繰り返され、地中に何億年も眠っていた岩石が突如顔を出したりします。さてこのあたりから皆さんも妄想力を発揮してほしいと思います。岩石をよく見ると、とても見事な鉱物色を発するものもあり、この数億年前の石（命）が掌に降りた瞬間、人間の寿命の短さを実感するとともに、悠久の時間を辿った感覚を得ることができます。「ただの石だよね」でももちろん終わる場合が多いのですが、建築のつくり手として、素材・材料がどこからやってきて、どのように建築物の一部に変化しているのかを考えることは、設計者や技術者すべての責任でもあると言えましょう。

日本はコンクリート構造物のストックが数多く蓄積されていますが、これらももとを辿れば、古生代（3億年前）の珊瑚の堆積物が石灰岩になったものを採取し、焼成工程を経て、セメントとして用いているのです。もとは生物であったという感覚が理解できれば、コンクリートに触れた瞬間、瞳の奥には古生代の海が広がり、波しぶきの音がさらさらと聞こえてくるかもしれません。

このように建築材料の起源と本質を知ることは、素材・材料のアイデンティティを理解することに直結します。そのような深い洞察は、新たな建築をつくる創造力に必ず結び付いていきます。

———

### 構造材料から仕上材料までが
### 果たすべき役割

人間はこの世に生まれた瞬間から、さまざまな人との関わりのなかで、自分は何のために生まれてきたのかを問い続ける、

**Fig.01** 鉱物色が美しい岩石

**Fig.02** 硅石を溶かしたガラス玉

**Fig.03** 石材を重ねた安定構造

**Fig.04** 長寿命と化したピラミッド

**Fig.05** 硬化したセメント硬化体

**Fig.06** 自由な造形が愛になる

**Fig.07** 漆喰鏝絵の美しい造形

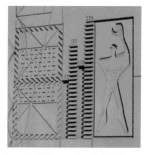
**Fig.08** モデュロールマンの外壁

建築生産

自分探しの「人生」という旅を続けます。

それと同様に、大地から生み出された素材は、最終的に建築の「構造材料」から「仕上材料」にまで用いられ、旅をすることになります。実際に、**Fig.01-15**のように無機・有機の自然素材とそれからなる建築に世界中で出会うことができます。

一方で、建築は地震や気候変動などの危機が生じている環境下でも、頑強なボディ（構造材料）に快適で素敵な上着（仕上げ材）をまとい、旅を続ける必要があります。「建築の私は、何のために生まれてきたのだろう、これからどう変化していきたいのだろう」と。そのような建築としての生き方を全うさせるために、建築材料が安全で長期使用に耐えるものであることは必要不可欠で、建築を支える役割

を、強度・耐久性・断熱性・水密性などのような性能のかたちで命ぜられているのだと言えます。

———

**建築の歴史は、材料の歴史とともに**

今、私たちは、テレビやインターネットなどで遠く離れた南極観測隊の生活を垣間見ることもできるし、近い将来、火星など地球外での活動の可能性も考えられるようになってきました。人類の発展の歴史には、常にその生活・活動の基盤となる建築があり、これからも同様と言えるでしょう。現代の建築には高度な材料開発と施工技術の蓄積が、ある程度は整ったと言えますが、地球環境が脅かされた状況の歯止めが効かず、天然資源のリサイクルやカーボンフリーを前提とした新

たな材料開発はこれからの喫緊の課題となっていくことでしょう。

未来に続く建築の歴史を刻むには、これらの新材料によるニューノーマルな環境形成が前提となります。そのことを皆で強く自覚し、新たな材料、そして建築の歴史を、将来の世代の皆さんとともに築いていきましょう！

**Fig.09** 溶融する岩石成分

**Fig.10** 成形・焼結した煉瓦

**Fig.11** 煉瓦製造用のホフマン炉

**Fig.12** ポンペイ遺跡の煉瓦柱

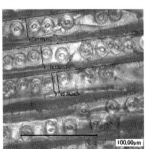
**Fig.13** 植物材料の組織画像

**Fig.14** 屋根を守る植物材料

**Fig.15**「素材は地球・宇宙にもつながっている」と叫ぶ

# 建物のライフサイクル全般に活用するBIM

岩村雅人

## BIMは新しい道具

BIMは2000年頃から米国・北欧を中心に広まったソフトウェアであり、建築の新しい道具です。今や海外では必須の道具になりつつあります。日本では少し普及が遅れていましたが、今後、急速に普及する見込みです。

## BIMは「形状」と「情報」

BIMは"Building Information Modeling"の略語です。建築の部材や機器の立体的な「形状」をコンピューター上に再現し、建築モデルを作成します。コンピューター上につくられた部品や機器を「オブジェクト」と呼びますが、オブジェクトには、「情報」を入力することが可能です。立体的な「形状」を入力できること、「情報」を入力できること、これがBIMの大きな特徴です。

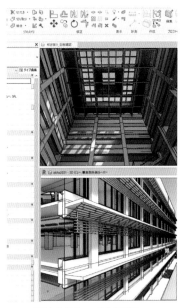

**Fig.01** BIMソフトウェアの作業画面

## 平・立・断を一緒に考える

これまで建物を考え、つくるときには「図面」が中心でした。

平面図・立面図・断面図などの図面を作成しながら、詳細を考えていきます。そして各図面を作成するときには、常に頭のなかで三次元の立体イメージを描いていることが重要です。平面を変えれば、立面・断面も変わってきます。今いじっている図面のことだけを考えたのでは、立体は納まりません。

ですから昔から「頭のなかでわかりづらいところは模型をつくること」「図面を描くときには、三次元のスケッチをしながら考えること」と教えられてきたのです。

## モデルから図面を作成

BIMを使ってコンピューター上にモデルを作成すると、驚くことに平面図・立面図・断面図が自動的に作成されます。

モデルと図面が連動しているため、モデルを変更すると、その変更が図面に反映されます。図面を変更するとモデルが変わります。

一つのBIMデータのなかに意匠・構造・設備の各モデルを作成することも可能です。バラバラに描かれた図面を何枚も広げて、それらを見比べながら調整するのではなく、モデルのなかでお互いのモデルを確認しながら調整することが可能になったのです **Fig.01**。

## コラボレーション機能

いま述べたように、BIMでは各種の図面はモデルに連動しています。平面の作業を行う人も、立面の作業を行う人も、そして意匠の作業を行う人も、構造の作業を行う人も、設備の作業を行う人も、一つのBIMデータを開いて作業します。バラバラに作業を進めるのではなく、皆で一つのモデルを組み立てていくのです。

一つのデータに、複数の人が同時にアクセスし、同時に作業できる仕組みを「コラボレーション機能」と呼びます。データにアクセスできれば、遠隔地からも協働できるのです。BIMはこれまでの働き方を変えるかもしれません。

## 建物の「情報」とは何か

1軒の住宅であっても、約1万点の部材や機器が使われているといわれています。大きなビルになれば、10万点を超えるでしょう。

こうした部材や機器には、それぞれ「形状」だけでなく、「性能」という「情報」をもっています。

「壁」を例に取りましょう。意匠的な部屋なのか、遮音が求められる部屋なのか、火器を使う部屋なのか、もしくは、物がぶつかりやすい場所なのか、壁がつくられる部屋の条件によって、意匠性・遮音性・耐火性・強度などの「性能」が決まっています。見た目は同じでも、壁の性能が異なる、といったこともよくあることです。

意匠部材も構造部材も設備機器も、建物ごと、部屋ごとに要求される条件によって、必要な性能が定まります。そして性能に合わせた適切な部材や機器

建築生産

**Fig.02** 「形状」と「情報」を備えたBIMモデル

が選ばれているのです。どんな部材や機器が使われているのか、そしてその部材や機器がどんな性能をもっているのか、そうした一つひとつが建物の「情報」なのです。

**BIMは「情報」を管理する**

一つの部材だけでも、いくつもの情報があります。そして建物には何万点、何十万点といった部材や機器が使われているのですから、一つの建物の「情報」は膨大な量になります。建物をつくるためには、設計図とともに、いろいろな性能表や仕様書といった「情報」に関する図書を何冊も作成し、管理します。

先ほども言いましたがBIMを使えば、一つのBIMデータのなかにさまざまな「情報」を入れ込んでおくことができます**Fig.02**。BIMデータは電子データですの

で、検索を掛けたり、欲しい情報を一覧表にすることも容易です。「情報」を迅速に確認し、比較し、調整することが可能になります。

じつは建築の仕事では「形状」を決めるよりも、はるかに多くの時間を「性能」を決定し、性能に応じた部材や機器を選択するために費やしています。

BIMにより膨大な建物情報を迅速に管理することは、大きな効率化につながるのです。

**形状と情報を活用する**

BIMデータの「形状」と「性能」を、ほかのソフトウェアに連動させて、最適化の検証に活用することもできます。

設計段階でよく使われる「景観シミュレーション」では、「形状」の確認だけでなく、色や材質の「情報」も活用して、デザ

インの妥当性を確認します。「環境シミュレーション」では、風の流れ・光・熱などの検証が可能です。

施工段階では「工程シミュレーション」が使われます。部材や機器を設置する手順を、モデルを使って動かしながら検討します。

**維持管理でのBIM活用**

建物を使ううえでも、建物の「情報」を調べる場面は頻繁に訪れます。身近な例では、電球が切れたとき「何ワット」の電球なのかを都度、調べていると思います。

一般住宅とは違って、公共施設や業務施設では故障してから交換するのではなく、故障する前に交換し、建物の利用者に影響を及ぼさないようにしなければなりません。部材や機器の耐用年数という「情報」を使って、先回りして機器更新することも必要です。

機器の更新や建物修繕には、相応の費用が掛かりますが、BIMの利用により、更新費用や修繕費用の予想を立てることも可能です。建物管理者にとって、この先、いつ頃、どのくらいの費用が掛かるかをつかむことは、経営上、非常に重要なことです。

BIMは「形状」と「情報」をもつという特徴により、建物のライフサイクル全般を通して活用できます。

建築に携わるすべての人にメリットを生み出す可能性のある、新しい建築の道具なのです。

# 8 建築設備

# 健康・快適空間の立役者

人が建物をつくる目的の一つは、厳しい自然からの影響を緩和することで、人にとって過ごしやすい内部空間を得ることです。そして健康で快適な空間は、熱・光・空気質・音などの物理要素を適切に調節できなければ生まれません。つまり優れた建築であるためは、これらの環境要素を制御するための機構が必要になるのです。設備は建物の中に空気や水を循環させながら空間の物理環境に働き掛けます。建築設備は快適空間を生み出す立役者と言えるでしょう。

### 建築の物理

建築設備という分野は端的に言えば建物に関わる物理現象を扱う分野です。巨大な建物を構築するためか、建築で使われる物理学としては力学に注意が向かいがちです。しかし快適な内部空間をつくり上げるためには、熱・光・空気質・音などの建築環境を自由に調節できる必要があり、建築設備の専門家はさまざまな物理法則を使いこなしながらこれを実現する機構を組み立てます。つまり建築設備は力学以外の物理学のすべてを相手にする分野と言えます **Fig.01**。

### 物理量と感覚

一方で建築設備分野が扱う範囲は高校で学ぶ純粋な物理学にとどまらないことにも注意する必要があります。大きな違いは単純な物理量だけではなく、人間がその物理的な環境をどのように感じるかという感覚を扱う点です。

たとえば人が「涼しい」と感じる部屋を設計することを考えてみましょう。このために建築設備の専門家はまず、人を取り囲む物体の温度・空気の温湿度・風速・着衣の量などを仮定します。そしてこのような物理的な諸条件にもとづいて、人体表面からどれだけの熱が放出されるかを計算します。ところで静かに快適に座っているときに人は代謝によって100W程度の熱を生み出すことが知られています。このため、人に「涼しい」と感じさせるためには、先に計算した体表面からの放熱が基準の100Wを上回っていることが必要になります。ここまでは物理量のみを扱う純粋な物理計算の範囲です。

では具体的に「涼しい」と感じさせるためには、放熱が100Wをどれだけ上回ればよいのでしょうか。あまりに放熱しすぎては「涼しい」どころか「寒い」となりかねません。このように人にとって快適な空間をつくるためには、最終的には物理量を感覚量に換算する必要があり、このための予測式が研究されてきました。

もちろん物理量から感覚量への換算は熱環境だけに発生する問題ではなく、たとえば光環境ならばルクス、音環境ならばデシベル、臭いならばオルフといった概念があり、これらはいずれも人の感覚を根拠にしてつくられた単位です。

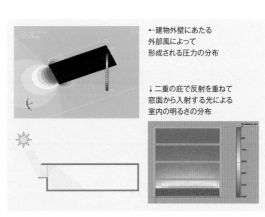

←建物外壁にあたる
外部風によって
形成される圧力の分布

↓二重の庇で反射を重ねて
窓面から入射する光による
室内の明るさの分布

**Fig.01** 建築設備分野では、熱、光、空気、音など、力学以外の物理法則全般を使いこなして建築環境を計画する

以上のように建築設備では、物理学を駆使しながら環境を形成する一方で、最終的には人の心理によってその環境の評価を受けます。このような自然科学と人文科学の横断は、建築設備という分野の大きな特徴と言えます。

### 人の不可思議

純粋な物理と比較すると人の心理は一筋縄ではいかず、この点は建築設備の難しさでもあり、面白さでもあります。熱環境を例に取って、その一例を示してみましょう。

先に記したように、人が空間を暑いと感じるか寒いと感じるかは、体表面から放出される熱量に影響を受けます。多くの人が快適と感じる放熱量に対して現実の放熱量のズレが大きくなれば、不満を感じる人が増えるはずです。そこで横軸に放熱量のズレを取り、縦軸に不満を感じる人の割合を取ると、**Fig.02**のような関係が描けます。基準よりも放熱が大きければ寒さを感じて不快となるし、逆に放熱が小さければ暑さで不快を感じるという関係です。

興味深いことに、不満を感じる人は決して0%にはなりません。このグラフによれば、たとえ物理量を理想的に制御して放熱のズレを0Wに合わせられたとしても5%の人は依然として不満をもち続けることになります。これには主に二つの理由があります。一つは、人によって暑がりや寒がりといった熱的な嗜好があるた

め、建築設備を上手く使いこなして大多数の人が適当と感じる温度を実現できたとしても、極少数の人にとっては暑すぎたり寒すぎたりするということです。もう一つは、そもそも人はロボットとは違う気儘な動物ですから、その時々の気分によって感覚は揺らぎ、まったく同じ条件に置かれたとしても常に同じ応答を示すとは限らないということです。

建築設備の専門家の多くは、このような人のもつ個性や一貫性の欠落をむしろ魅力と捉えて愛でる傾向があります。一生懸命に合理的に組み立てた物理環境が、人のもつ非合理性によってあっさりと覆されることはままあることです。建築設備分野の人々は、合理性と非合理性の間を行きつ戻りつしながら建物のつくり方や使い方を考えることを愉しんでいるのです。

### 建物に命を吹き込む設備

建築設備は室内空間のさまざまな物理環境を調整すると書きました。では具体的にはどのようにこれを実現しているのでしょうか。

物理環境に働き掛けるためには熱や電気などのエネルギーが必要になります。このようなエネルギーをいき渡らせるために、建物の中には水を輸送する配管、空気を輸送するダクト、電力を伝える電線などが伸びていて、さらにこれらを連携するための通信線が張り巡らされています。通常、これらの設備は私たちの目に触れることはありません。しかし**Fig.03**に示すように、建物を一皮めくれば無数の配管・ダクト・電線が網の目のように広がっていることがわかります。人の体の血管や神経によく似ていることがわかるでしょう**Fig.04**。人体で喩えるのであれば、建築構造は外殻を維持するための骨系や筋系に相当し、建築設備はこれに命を吹き込むための循環器系や神経系だと言えます。

### 空気と水と光

建築設備のなかでも中心を占めるのは空調設備・給排水設備・電気設備で、それぞれ空気・水・光をつかさどる設備です。

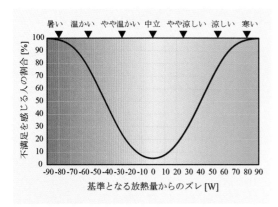

**Fig.02** 放熱量からのズレと不満足を感じる人の割合の関係を示す図。体表面からの放熱が大きすぎると寒く、小さすぎると暑く、不満を感じる。理想的な放熱を実現できて期待値としては熱的中立であったとしても、5%の人は不満を感じる

空調設備は、われわれを取り巻く空気を調整する設備です。調整の内容はさまざまで、熱や水分を移動させることで温度や湿度を変化させ、フィルタを通すことで粉塵を除去し、換気することで臭気を取り除きます。空気の温度・湿度・風速・清浄度を制御することで空気と人とを調和させることを目的としているため、空調設備は正式には空気調和設備といいます。

給排水設備は、生活のために必要な上水と排水を輸送する設備です。雨水利用や排水再利用などを通して水資源の保全とも関わりが大きい設備です。水は人の生命に直結することから、この設備は、生（いのち）を衛る（まもる）と書いて、衛生設備とも呼ばれています。この衛生という言葉は中国の春秋時代の思想家の荘子が生み出しました**Fig.05**。

電気設備は、建物のなかの電気全般を扱う設備で、身近なところでは照明があります。照明計画の良し悪しによって、ものの見えやすさは変わるため、建築の機能性に大きく影響を与えます。一方で建物自体の見え方も左右するため、建築意匠にも深く関わる設備と言えます。

---

## 建築とエネルギー

建築設備は建物の物理環境を調整するため、運用する際にはエネルギー供給が必要です。そして建築設備が消費するエネルギーは建物が生涯に消費するエネルギーの過半を占めるともいわれています**Fig.06**。このため建築設備をどのように計画し、どのように運用するべきかは建物のエネルギー性能にとって非常に大切な問題です。したがって、建築設備の専門家は一般に建物のエネルギー性能の専門家でもあります。

---

［富樫英介］

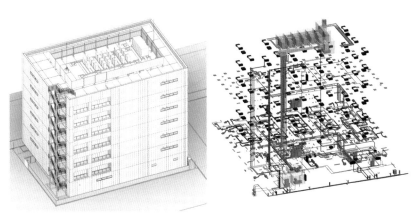

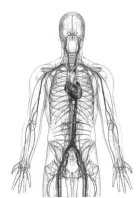

**Fig.03** 一般に建築設備は壁の中や天井の中に隠蔽されている。
しかし、皮を1枚めくれば無数の配管・ダクト・電線が張り巡らされていて、人体模型を思わせる

**Fig.04** 人体模型

**Fig.05** 衛生という語は、荘子の庚桑楚篇で生（いのち）を衛る（まもる）ための道を尋ねた逸話による

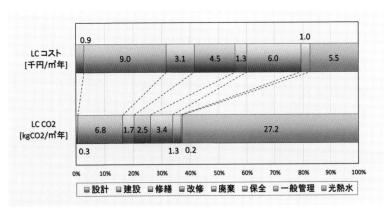

**Fig.06** 建物寿命を35年とした場合、ある試算ではライフサイクル$CO_2$排出の過半は設備の運用によって生じる

# クールチェア

### 次世代の空調

今や大きな建物には本格的な空調が、家庭にはエアコンが普及して、日常の生活空間では暑い寒いといった不快は根絶されたかに見えます。ところが人間とは不思議な存在で、かつては夢であった快適環境をいったん手に入れると、さらに高度な要求をするようになります。

従来の空調の概念では、室内を均一で一定の温熱環境にすることを目標としてきましたが、温熱的不満を根絶することは困難です。ある要求に応じて室温を調整すれば、ほかの執務者から反対の要求が生じます。その個人ごとの要求に応える次世代の空調が「パーソナル空調」で、筆者は20年以上その研究開発に取り組んでいます。

### クールチェア

椅子は太古の昔から人類の歴史とともにありますが、畳文化の日本では、椅子は屋外で使われる床几や寺院の曲彔といった特殊な用途に限られ、一般人の建築空間に入り込んだのはごく最近です。

筆者はこの歴史は長いが意外と日本人には馴染みが薄く、人体に一番密接する什器である椅子に興味をもち、これに空調の機能をもたせて「クールチェア」と名付けました。

### 不細工な1号機

当初は椅子から空気を吹き出したり吸い込んだりする感覚が皆目わからなかったので、まずは手もちの機材で不細工な試

**Fig.01** 1号機

作機**Fig.01**をつくり、ひと夏研究室で使ってみました。そこで判明したのは非常に愉快なワクワク感で、空調の研究では珍しい種類の感動でした。1号機では座面と背もたれから空気を吸引して熱のこもりを除去し、その空気を当時流行していたOA用可動肘掛けから任意の方向へ吹き出す、という構成でした。気流を吹き出す方向と気流の性状をいろいろ変えて試してみましたが、「自由」「任意」という重要なキーワードを見出しました。

このデバイスには「与えられた環境」を想起させる自動制御は相応しくなく、あくまでも自ら「獲得した環境」を演出する手動操作が最適との結論に至りました。さらに操作性も重要で、クルマのようにドライバビリティが伴わないと実用にならないと感じました。工学的には非常に説明しづらい部分ではありますが。

### コードレス化した2号機

1号機の手応えで意を強くし、バイク用鉛蓄電池を用いてコードレスの2号機**Fig.02**を試作しました。1号機はフレキシブルダクトでがんじがらめでしたが、キャスターによる機動性が活かせるようになり、まさに籠から解き放たれた鳥のような自

由度を感じました。2号機は環境試験室でその性能を詳細に計測したところ、体感で3-4℃程度の冷却効果が見込めることが判明しました。これも自ら試用してみたところ、自分でつくったものだから我慢できるのか、室温を30℃にしても何とか仕事ができたと記憶しています。

またこの試作機は数社のオフィスで図々しくも無理矢理実際に使ってもらい、非常に貴重な意見を頂戴しました。ただこれは図体が大きく、日本のオフィスには不向きでした。

### 什器メーカー製作の3号機

2号機までの成果を学会で紹介するうちに、某設計事務所からオフィスビルの省エネ改修に採用したいという話が飛び込んできました。ところが協働する什器メーカーの企業風土は建設業界とはまったく異なり、意思の疎通を図るまでにかなりの時間を要しました。

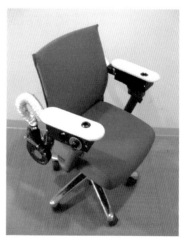

**Fig.02** 2号機

椅子としての実用性を損なうことはできないので、まずは椅子の基本的な構造を教えてもらい、こちらの要求と折り合う形状を検討しました。ベースとした椅子は座面と背もたれと可動式の肘掛けが別の部材なのでそれらを空気の流路で連結することが難しく、妥協案として、座面からは専用のファンで空気を吹き出し、左右の肘掛けからはそれぞれ独立したファンで噴流を任意の方向へ吹き出せるようにしました。バッテリーは釣りの電動リール用リチウムポリマー電池を使用し、1週間の使用に耐えました。ただ残念なことに風量調整は無段階ではありませんでした。

この機種 **Fig.03** はプラ型を用いた射出成型により40脚が製作されました。実際のオフィスで3年間使ったところ、いろいろ想定外の問題点も知ることができました。

───

### ボルトオンの4号機

ハンモックを使った経験はあるでしょうか。暑い盛りに木陰に吊して寝てみると、ことのほか背中が涼しいのに驚かされます。さらに僅かにでも揺すると背中はさらに冷え、汗が蒸発して乾くのが自覚できます。このとき味わった感動から、座面に通気性のあるメッシュと表面の空気を流動させる機能を組み合わせるアイデアを思い付き、4号機はメッシュチェア後部にベルクロテープで固定するボルトオン型を考えました **Fig.04**。

そのため3号機では苦労した什器としての拘束条件をかなり免れることができましたが、身体の前面に吹き付ける気流を発生させる部位がなくなってしまいました。4号機では苦し紛れに肘掛けの取り付け部付近から給気用フレキシブルホースを2本伸ばし、この先を適当な位置に調整することにより任意の部分に風を当てることにしましたがエレガントではありま

せん。ところが面白半分にホースの先端をズボンのポケットやシャツの中に入れてみると強烈な涼感が得られ、今後衣服とのマッチングも開発要素としてあるか、などと思いました。この機種はメッシュの恩恵で僅かなパワーでも3号機を越える等価温度の低下が確認されました。そのため電池の負担も軽くなり、携帯電話の補助電源として流通している小型のモバイルバッテリーでも1回の充電で1週間の通常使用に耐えました。

───

### 加熱も可能な5号機

最近はモバイルバッテリーの性能が向上したので、送風による冷却に加えてヒーターによる加熱機能を搭載した5号機 **Fig.05** を開発しました。この派生形は某社から「クリマチェア」という商品名で市販され、第18回環境・設備デザイン賞の最優秀賞を獲得することができました。

**Fig.03** メーカー製の3号機

**Fig.04** ボルトオンの4号機

**Fig.05** 5号機「クリマチェア」

# 建築を“健築”に

## 空気環境

ヒトは1日に食物を1-2kg、水を1-3kg摂取しますが、空気は10-20kgも呼吸しています。生活時間の80%以上を室内で過ごしている現代人の健康にとって室内空気の質がいかに重要であるかは改めて強調するまでもありません。2005年にWHOヨーロッパ事務局から「健康的な室内空気への権利(The Right to Healthy Indoor Air)」と題した報告書が発表されました。建築環境は健康的な環境でなければなりません。

ヒトは食物を代謝してエネルギーを取り出し、生命を維持しています。食物からエネルギーを取り出すには発酵のように酸素を必要としない作用もありますが、効率が悪いため、進化した動物は主に酸化反応を利用します。酸化反応の結果、$CO_2$と水が生成されます[1]。Fig.01

に酸素を取り入れ、$CO_2$を吐き出すガス交換の仕組みを示しています。このガス交換のプロセスで、吸気中に含まれる汚染物質が呼吸器系に沈着し、ヒトの健康に悪い影響を及ぼすことがあります。

大気中に酸素はおよそ21%、窒素は78%で存在し、残り1%中にアルゴン・$CO_2$・ネオン・ヘリウム、人工的に生成・排出されるものなどがあります。そのわずかな成分にさまざまな空気汚染物質が含まれており、空気の質にとって重要な要素となります。

空気汚染は元来、主として大気汚染に関わる問題でしたが、1970年代以後、建物のシェルター化により建築環境が人工的につくられるようになったため、空気汚染において建築・設備・住まい方などに関わる室内環境特有の問題が起きています。

“室内空気質(IAQ：Indoor Air Quality)”には、物理的・化学的・生物的ほか、多くの要素が含まれています。また室内汚染物質の濃度は、外気からの侵入量、室内での発生量、換気量などによって決まります。各々の汚染物質に対して対策を施さないと室内汚染物質濃度が高くなり、居住者の健康に影響を及ぼすことはシックビル症候群やビル関連病などによってすでに実証されています。

## 空気汚染と健康

ヒトの疾患は、環境要因と遺伝要因の組み合わせによって発症するとされています。環境要因には汚染物質への被曝のほか、社会環境の変化(ストレスの増加)などが複雑に関係することがわかっています。一方、遺伝的な要因は汚染物質に対する感受性の個人差として解釈されています。

Fig.02は有害因子に曝される場合、ヒトの健康上の影響(反応)を示すものです。汚染物質(毒性)に曝露された場合、ヒトがどのような特徴の影響を示すのかは“量−影響関係”または“量−反応関係”により説明されます。個体への曝露量と影響の程度との関連を表す量−影響関係に対して、量−反応関係は集団レベルで受ける影響の割合を示します。多くの化学物質や微生物はS字状モデルに適従します。すなわち、ある量(閾値)以下に曝露されても健康に悪い影響は見られないが、その閾値を超えると曝露量の増加に伴って影響(反応)が顕著になります。

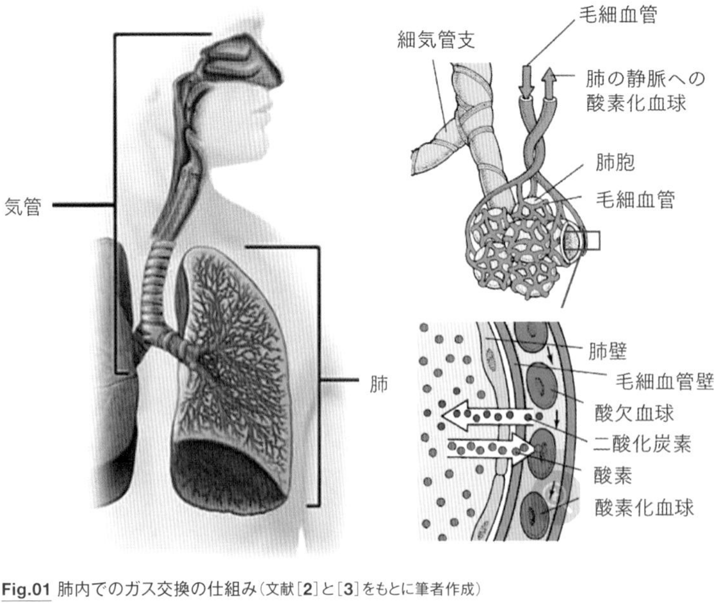

細気管支
毛細血管
肺の静脈への酸素化血球
肺胞
毛細血管
気管
肺
肺壁
毛細血管壁
酸欠血球
二酸化炭素
酸素
酸素化血球

Fig.01 肺内でのガス交換の仕組み(文献[2]と[3]をもとに筆者作成)

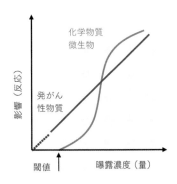

**Fig.02** 量−影響（反応）関係

発がんは突然変異で起こるため曝露の閾値が存在しないとされており、**fig.02**の破線が閾値のないことを意味しています。

　汚染状物質によるヒトの健康への影響はその成分、濃度および大きさによって決まります。浮遊粒子状物質は眼・皮膚などのほか、主として呼吸器に影響を及ぼします。小さい粒子は肺胞部、大きい粒子は鼻腔・上気道に沈着しやすい特徴があります。花粉は鼻腔・上気道に、たばこ煙粒子やアスベスト繊維は肺胞部に、ウイルスは上気道から肺胞まで沈着するため、さまざまな健康障害を引き起こします。

───

### 室内空気汚染対策

室内空気汚染物質の濃度は次の式より表されます。

$$C = Cs + \frac{M}{Q}\left(1 - e^{-\frac{Q}{V}t}\right) \tag{1}$$

$$Cs = C_0\,(1 - \eta) \tag{2}$$

$C$：室内汚染物質濃度

$Cs$：給気中汚染物質濃度

$C_0$：外気中汚染物質濃度

$M$：室内汚染発生量

$Q$：換気量

$V$：室容積

$t$：経過時間

$\eta$：エアフィルタの捕集率

　汚染物質への被曝量を低減させることは室内空気中汚染物質の濃度$C$を下げることであり、その方法としてフィルタのろ過による給気濃度$Cs$の低減、発生量$M$の抑制、換気量$Q$の確保の方法があります。またウイルスなどの微生物に対しては紫外線による殺菌や薬剤による消毒などの手法も有効です。

───

### 工学と医学の連携

空気汚染によるヒトの健康への影響の代表例として感染症が挙げられます。感染症は感染源、感受性宿主、および感染経路の三つの要素が揃えば成立します。感染経路には、接触感染・飛沫感染・空気感染があります。WHO（世界保健機構）は飛沫感染と空気感染について、飛沫核の粒径5μmを境に分類し、それ以下のものを空気感染、それ以上のものを飛沫感染と定義しています。また飛沫感染については1−2m離れれば感染しないとしています。

　世界大流行（パンデミック）の新型コロナウイルス感染症の感染経路について、工学と医学の見解が異なっています。工学では空中における飛沫核の伝播の物理現象をもとに判断しており、5μm以上の飛沫核も2mより遠く飛散することを主張しています。一方、医学では拡散した後の飛沫や飛沫核の感染性を重視します。しかし現状ではWHOやCDC（アメリカ疾病予防管理センター）はいくつかの集団感染事例から、新型コロナウイルス感染症の感染経路について接触感染と飛沫感染は主な感染経路であるとしながらも空気感染も否定できないとしており、前述した飛沫感染と空気感染の定義と矛盾しています。工学と医学の知見が融合すれば、この問題は自ずと解決されます。

　日本における新型コロナウイルス感染症流行の特徴の一つは集団感染です。しかし感染経路に深く関わる空調・換気設備とその運用状況に関する情報が公開されていません。今後の対策のためにも、情報を公開し、医学と工学が連携して対応することが極めて重要です。

# 建物の運用を楽しむ

**建物運用の必要性と重要性**

建築は単に建てることだけだと誤解されることがありますが、これを運用して最後には取り壊すまでが建築という行為です。つまり建築分野の人間は、設計・施工・運用・除却（取り壊し）の各段階に対して責任を取ることが求められます。通常の建物は50年以上存続しますから、その9割以上の時間は運用段階にあたることになります。運用がいかに大切かは言うまでもないでしょう。

　　　建物の運用が重要となる一つの大きな理由は、一般の工業製品と異なって一品生産品だという点にあります。たとえば自動車ならば、発売の前に実物を試作して性能について繰り返し試験をすることができます。このような試験が許されるのは自動車が数万台も製造する大量生産品だからです。一方で建築は、ある特定の敷地において、特定の人のために建設されるため、通常はこの世にまったく同じ建築は存在しません。このため自動車のように製造段階で試作品をつくってほぼすべての問題を予め解消するという手段を取ることが困難です。一度きりの勝負として精一杯努力して建設し、それでもどうしても残存する不具合については、運用段階で少しずつ調整していかなければならないのです。

———

**運用の良否はエネルギー性能を
左右するのだが……**

建物のエネルギー効率は建物の主要な性能指標の一つで、その性能は運用の良否によって大きく左右されます。空調や照明の制御を日々改善し、運用段階のエネルギーを削減することは大切なことですが、現実にはおざなりな運用がされている建物も多いと噂されています。

　　では重要であるにも関わらず、運用が軽視される理由はなんでしょうか。一つは、その良否を客観的に評価しづらいからでしょう。これは先に述べた建物の一品生産品性とも関わります。たとえばある建物のエネルギー消費がほかの建物と比べて少なかった場合に、運用が上手かったことが原因だと言えるでしょうか。その建物にはほかの建物にはない最新の設備機器が入っていたかもしれませんし、あるいはそもそもほとんど使用者が不在で空調も照明も使わずに済んだのかもしれません。この世にまったく同一の建物が存在しないということは、運用の上手さを相互に比較する対象がないということでもあるわけです。

　　客観的に評価できないということであれば、真面目にやっても褒められず、不真面目にやっても怒られないということになります。これでは運用は改善されません。

———

**バーチャル建築群を建てる**

ではこのような一品生産品である建物に関して、運用の良否を客観的に評価する方法はないでしょうか。答えは単純で、一品しかないことが問題であれば、複数つくってしまえばよいのです。と言っても、建物ですから現実に複数のまったく同じ建物を建設してはとてつもない費用が掛

**Fig.01** 第1回 電脳建築最適化 世界選手権。33のチームが集い、サーバー上で3カ月間にわたって建物運用の競争が行われた

かってしまいます。しかし方法はあります。コンピュータ内でシミュレーションを使ってバーチャルに建築をつくるのです。

　　コンピュータですから1秒足らずのマウス操作でいくらでも複製をつくることができ、しかもこれらのバーチャル建築はまったく同じハードウェアをもち、まったく同じ行動を取る執務者たちが暮らしています。複数の者がこのようなバーチャル建築を運用した結果、もしもエネルギー性能に違いが出たとすれば、その理由は運用の上手さにあったと言ってよいでしょう。

———

**建物運用をゲームする**

2019年に、私は実際にこのようなバーチャル建築を使って、運用の上手さを競う選手権を開催しました**Fig.01**。

　　全部で33のチームが参加し、研究者・建築設計者・施工者・運用管理者など、建物の運用に関わるさまざまな業種の人々が運用の上手さを競いました。それぞれの参加チームが運用するバーチャル建築をサーバー上に33棟建設し、そ

れらの運用成績がリアルタイムにWebで開示されるという仕掛けですⒻig.02。

運用の上手さは省エネルギー性と快適性の両面から競われました。これは重要な点で、仮に快適性をないがしろにしても良いとすれば、そもそも照明も空調もまったく使わないということがもっとも省エネルギーで良いということになります。現実の建物運用は、消費するエネルギーを最小限に抑えつつも、室内環境は快適に維持しなければならないという複合的な問題なのです。

3カ月間の競技期間中に339回の運用が試行されました。その結果をⒻig.03に示します。横軸は省エネルギー性能で、右に行けばより省エネです。縦軸は快適性で、上に行けばより快適です。まったく同じ建物であっても、運用が異なると省エ

同じ温熱環境であっても暑くて不満を言う執務者と寒くて不満を言う執務者が混在する。建物運用は難しい

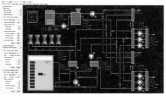

現実の建物に合わせて、BAS (Building Automation System)と呼ばれる設備の監視画面を模したソフトウェアで状態を監視した

**Fig.02** サーバー上に構築されたバーチャル建築の状態を監視して、運用の改善に取り組む

ネルギー性も快適性も大きく変化することがわかるでしょう。選手権者は標準の運用に比較してエネルギーを12.1%削減しつつ、快適性を21.0%向上させました。

Ⓕig.04は3カ月間の各チームの成績の推移です。ほかのチームの運用成績が公開されているために競争が働き、少しずつ運用成績が向上を続けたことがわかります。運用技能の定量的な評価は、競争を通じた技能の向上をもたらす可能性もあると言えます。

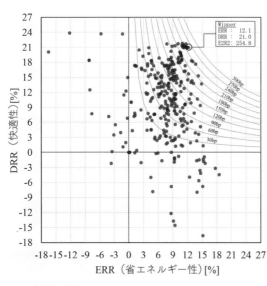

**Fig.03** 全成績の散布図

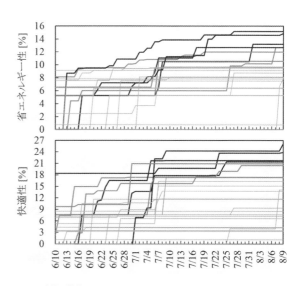

**Fig.04** 成績の推移

建築設備

# 9 建築デザイン

「真壁伝承館」(設計組織ADH、2011年)

# 建築デザインがつくる豊かな世界

建築デザインは、建築のあり方を考える分野です。形の提案も重要な側面ですが、建築は人々の活動の受け皿となるものですので、姿が良いだけでは十分とは言えません。その場所を十分に理解し、その建築を、誰がどのように使うのかをイメージしながら、建築の姿を考えていくことになります。できるだけ具体的に、その姿と使われる様子を思い描けるように、いろんな知識と経験を蓄えてゆけば、皆さん自身の個性を活かしながら、その場所にしかない建築をデザインできるようになるはずです。

### 建築デザインって何?

皆さんは、建築デザインと聞いて何をイメージしますか? 建築は、この本の全般にわたる広い分野を指しますが、ここで「デザイン」について少し考えてみましょう。辞書でdesignを調べると、意図、計画、模様、設計図などと書かれていて、じつはこちらもなかなか広い範囲を指す言葉だということがわかります。後ろの二つ、模様と設計図は実際に見えるもので、もしかしたら皆さんがデザインという言葉から、よりイメージしやすいものかもしれません。前の二つ、意図と計画は、後ろの二つをつくる理由や、それらによって表されるべきヴィジョンを指しています。つまりデザインとは、目に見えるものをつくるだけでなく、それをつくる根拠となる考えを整理し、生み出すことを意味しています。

二つを、「考え(アイデア)」と「表現」と呼ぶなら、建築をデザインするプロセスも、これらをかたちづくっていくことであると言えます。

たとえば、皆さんにとって一番身近な住宅の設計を例に挙げてみましょう。住まいの間取りを決めるためには、家族構成やそれぞれの生活の仕方を知るだけ

でなく、お互いがどのような関係にあるべきかを考える必要があります。そしてその「考え」が、具体的にどのような部屋同士の位置関係や扉のつくり方などによって実現されるのか、そしてさらにどのような図面を描いたら相手に伝わるのか、すなわち「表現」を検討することになります。両者は絡み合っている部分もありますが、双方を行き来することで、望ましい住宅が次第に姿を現してきます。建築デザインの分野では、皆さん自身の個性を活かしながら、この二つをつくり上げる方法を学んでいきます。

———

### 考えを豊かにしよう:
### 机に向かっているときだけが学びでない

より良い「考え」を生み出すためには、普段からの学びが大切です。ところで、学ぶことは机に向かって行うものだと皆さんは思っていませんか。建築、とくに建築デザインにおける「学び」は必ずしも机に向かって行うものだけではないのです。そう言うと、さぞかし楽しく楽に学べる分野だと思えるかもしれませんが、じつは皆さんが起きている時間すべてが建築の学びに通じるのです。しかも起きている間だけでなく、寝ている時間までもが学びになり得るのです。突然夢に出てくるイメージが建築デザインに通じるかもしれないと言っても信じてもらえないでしょうが。そしてこんな話をすると今度は逆に、24時間拘束されると重荷に感じてしまうかもしれませんね。でも重要なポイントは、生活を通して体験するすべてのことが建築デザインの学びに通じるということと、それら日頃の体験を、好奇心をもって刺激として大切にしてほしいということです。

一言で言うと、豊かな生活体験が建築デザインを

学ぶには重要なのです。楽しい旅に出る、美術、音楽、映像など美しいものを見たり聞いたりして楽しむ、美味しいものを食べる、これらすべてが建築の学びに通ずるのです。旅行、芸術観賞、食事などが「学び」だと言われてもピンとこないかもしれませんよね。もう少しわかりやすく説明しましょう。

たとえば旅行を例に取ってみると、旅することは、国内外を問わず日常とは違った体験が間違いなくできますよね。海外であればなおさら、異文化と異なる風土とそれに根差した建物に出会うことができるのです。そう、その新しい建築との出会いと、出会うことによって受ける新しい刺激こそが「学び」なのです **Fig.01, 02**。

芸術観賞も同様です。美術館の展覧会に行くこ

**Fig.01** 工学院大学ハイブリッド留学の地、
イギリスのカンタベリーのまち並み

**Fig.02** カンタベリー、ウエスト・ゲート・タワーのスケッチ

と、コンサートを聴くこと、映画を観ることが「学び」なんて、芸術好きにとってはこのうえなく嬉しいことではないでしょうか。展覧会で出会うアーティストたちの作品は多かれ少なかれ、観る側に投げ掛けるメッセージをもっているものです。音楽や映画も鑑賞相手に感動や刺激を与えてくれます。これらのメッセージを受け止め理解することが、すなわち「学び」となり豊かな見地を築いてくれるのです。

そして食事。食事は私たちが生きていくためには不可欠です。でもその食事を、必要な栄養摂取の目的としてだけでなく、民族や地域や時代を背景とする料理という文化として捉えてみてください。食事の盛り付けや、その空間の雰囲気づくりに一役買ってくれる明かりなどの設えについても興味が湧いたら、これも建築に通じる「学び」です。

では、どこから始めたらよいのか。まずは良いと評価されているものを見たり、聞いたり、食べたりしてください。そのなかで目が養われ、耳が鍛えられ、舌が肥えるのです。すると、ものの良し悪しを評価し見極める能力が、自ずと身に付くものなのです。

### 表現力を高めよう:図面という言語の習得が必須

皆さんはものごとを伝達する手段として言語を用いて表現しますよね。建築デザインにおいてはこの言語は図面に相当するのです。ですから図面を学び描くことは表現力を養うことにつながるのです。もちろん図面だけでなくスケッチも、建築デザインの重要な表現ツールです。また最近大いに活用されているコンピュータ・レンダリングと呼ばれる表現方法も、建築デザインの一つの言語です。

「図面が言語」というからには、この言語は正確に「話せる」ようにならなければなりません。外国語、たとえば英語でコミュニケーションを取ろうとしたときに正確に話せずに悔しい思いをしたことがある人なら誰もが、正確に言語を学び、話すことの重要性がわかるでしょう。

「ユニバーサル」という言葉を聞いたことがありますか。「ユニバーサルデザイン」の「ユニバーサル」です。

「ユニバーサルデザイン」とは、文化や国籍などに関係なく、できるだけ多くの人に通用するデザインのことを言います。じつは「図面」は、英語とは違って「ユニバーサル」な言語なのです。英語が苦手でも、ユニバーサル言語である図面を学べば英語圏の人たちとも、英語圏以外の人たちとも図面を用いてコミュニケーションが成立するというのは素晴らしいことではありませんか。そうなると、このユニバーサル言語である「図面」を真剣に学ばないわけにはいきませんよね。

言語にはルール（手法）やマナー（作法）があることは皆さんもご存知だと思います。それと同様に建築の言語である図面にも「わかりやすく伝える」ためのルールやマナーが存在するのです。皆さんが建築を志すことになるとまず、このルールとマナーを学ぶことになります。

コンピュータの技術を学ぶのも大事ですが、それはルールとマナーを理解してからです。幼児がまず言葉を学び、言葉が話せるようになったずっと後に、コンピュータが使えるようになるのと同じです。図面においても、コンピュータを使う前にルールやマナーを身に付けないとならないのです。これらが欠落していると「図面を言語」とする建築においてはコミュニケーションが成立しません。ですから図面という建築言語のルールとマナーをまずしっかりと身に付けてください。

———

**違うことこそ面白い**

設計の授業では皆さんに同じ敷地で設計をしてもらいますが、その案は一つとして同じにはなりません。

もしかすると皆さんのなかには、自分の案が人と違うことに戸惑いを覚える人もいるかもしれませんが、人と違うことはまったく自然なことです。建築は、最終的に人の共感を得て実現されるものだということだけ頭の片隅において、ぜひ思い切って人と違うものを提案してください**Fig.03,04**。

一方で、自分は個性的な人間ではないから「人と同じものしかつくれないのではないか」と心配する人もいるかもしれませんが、こちらもまったく心配に及びません。意識的に人と変えようと思う必要は、必ずしもない

のです。なぜなら、それぞれの「考え」と「表現」でつくられる建築は、真剣に学び、考えるほどに、人と違うものになっていくからです。

だからこそ、つくり手や住み手の違いよって、実際の建築はこれほど多様な姿をしています。

技術は今、世界中で共有されやすくはなったものの、やはり土地に根付いた建築は、その場所の気候や文化にもとづいた個性をもっていますし、統一的に見えるまちの風景も、よく見るとそれぞれ個性的な建物からできていることに気づきます。さらに、建築は、時代の流れに合わせて、社会と技術の進歩によっても、その姿を変えてきました。

時代や地域だけでなく、関わる個人によっても建築の姿が異なるのは、その違いが人の「考え」と「表現」の違いによって生まれているからです。そしてそれは、人がそれぞれ世界をどのように理解して、どのように関わろうとするかの違いにほかなりません。この意味で、建築デザインには、唯一の正しい方法や答えはありません。そして、一つひとつの違いこそが、豊かな世界をつくってきていると言えるのです。

———

[**伊藤博之・木下庸子**]

**Fig.03** 工学院大学建築学部、講評会の風景

**Fig.04** 工学院大学建築学部、優秀作品展覧会

# 貴族の館に起源を見る 家族の住まい

### 近代の住宅形式の起源

建築の長い歴史のなかで、今に通じる住宅の形式はいったいいつ頃から存在しているのでしょうか。そんな疑問を皆さんはもったことはありませんか。住宅はさまざまな建築のなかで規模は小さくても、社会の最小単位である家族を包容する建築として重要な存在です。

建築デザインを志す皆さんに、なぜこの分野を選択したかを尋ねると「家族のために家を設計したいから」という答えがよく返ってきます。そうですね、やはり自分、あるいは自分の家族が住む家を設計したいというのは皆さんの夢ですよね。それが物語るように、住宅は誰もが一番身近で大切に思う建築なのです。

では、住宅とは建築としてどういうものなのでしょうか。住宅をその構成要素から考えると「公室」、つまり複数の人数で過ごす共有の空間と、「個室」と呼ばれる、いわゆる個人の空間から成り立っている建築と言えます。では、このような「公室」と「個室」を併せもつ住宅の起源は一体いつ頃からなのでしょうか。一説に、数百年ほど前の、17世紀のヨーロッパにその起源を見ることができるといわれています。とはいえ、シェルターという意味合いでの住宅、つまり雨、露をしのぐ目的の住まいは、人間の歴史ある限り存在してきたことには違いありませんが、ここで対象とするのは、今皆さんが生活している住まいに直接通じる住宅形式に焦点をあてて考えてみたいと思います。ほぼ400−500年の住宅の歩みを、限られた紙面で説明するために大幅に要約して語ることはご了承ください。

———

### パラッツォとヴィラという貴族の館

アメリカ、ボストンのガーデナー美術館所蔵の絵画に、興味深い1枚があります。作家は不明ですが、16世紀頃描かれた「The Birth of Caterina Cornaro」と題する絵で、インターネットでも検索が可能なのでぜひ見てみてください。それは、タイトルからも推測できる通り、新しい子どもの誕生を祝う場面が描かれたものです。そこには人々が目白押しで、話したり、食事の準備をしたり踊ったりしている姿が描かれており、公共性が高い住まいであることがわかります[1]。このような公共性の高い住まいに共通していたことは、ある機能を目的とした、たとえば個室のような空間は存在しなかったということです。

**Fig.01**「パラッツォ・ティエーネ」
（アンドレア・パッラーディオ、1550年頃起工）

**Fig.02**「ヴィラ・ロトンダ」
（アンドレア・パッラーディオ、1567年頃起工）

公共性の高い住まいは中世期以降、ルネッサンス期の貴族やブルジョアジー（中産階級市民）の住まいにおいても引き継がれていきます。ちなみに、ルネッサンス期に貴族たちが住んでいた館は「パラッツォ」や「ヴィラ」と呼ばれる建築でした**Fig.01,02**。パラッツォとヴィラはどちらもイタリア語ですが、ひとことで言うとパラッツォが都市型の住まい（＝宮殿）であるのに対し、ヴィラは郊外型の住まい（＝離宮）ということです。詳しくは追々、建築の歴史を通じて皆さんには学んでもらいます。

———

### プライバシーという概念と核家族

近代住宅の発展にもう一つ大きな影響を及ぼした要素に「プライバシー」という概念があります。皆さんも聞いたことがある言葉だと思います。17世紀になると、経済的に富をなしたブルジョア階級の人たちの住まいから、少しずつ公共性が失われていったといわれています。その頃から西欧文化において、個を尊重するプライバシーという概念が重要視され始めました。そして、住宅におけるプライバシーはその度合いが増え続ける一方で、それと反比例するように減少したのが、それ以

前の住まいではあたりまえだった公共性でした。

住まいにおけるプライバシーは長い年月を掛けて、ようやく20世紀に獲得されました。そのようにプライバシーが受け入れられるなかで、それに伴って公共性が失われていった背景には、それまでの大家族や拡大家族に代わって登場した、夫婦とその未婚の子どもを単位とする「核家族」の存在があったと言えます。ちなみに核家族の定義は「夫婦と未婚の子だけからなる家族」（『広辞苑』より）となっています。

わが国でもとくに第二次大戦後、それ以前の家父長制と大家族に代わって、核家族を理想像とした社会が訪れました。そして核家族を包容するための器として普及した住戸形式が、先に住宅の構成要素として述べた「公室（公共の空間）と個室（個人の空間）を併せもつ建築」なのです。その平面構成は、皆さんの耳にも馴染みある「LDKと個室群」とも呼ばれ、

戦後のわが国に急速に普及しました。

ところがわが国では、20世紀終盤の20年ほどの間に大きな社会変化が起こりました。戦後、家族の理想像として社会が描いた核家族世帯に代わって、シングル、ディンクス、高齢者の一人暮らしといった、さまざまな世帯が急激に増えていきます。すると、核家族という一つの理想像を対象として生み出された「LDKと個室群」という住戸形式にとらわれない、現代の家族のための住まいが多々提案されるようになりました。

───

### これからの住まい

住宅に求められるものは時代とともに変化します。2011年に起きた東日本大震災によって私たちは、住宅は単体で存在するだけでなく、住宅と住宅の間を取りもつコミュニティとその空間の重要性を痛感しました。そして住宅の内部に目が向いていた建築家に、住宅と住宅をつなぐ中間領域や共用空間、さらにはまちを形成

する要素や空間についても考える、「まちづくり」という分野の重要性も改めて認識させてくれました。

またコンピュータの普及とともに、テレワークといった新たな生活スタイルも生まれ、このような住宅のニーズに対して建築家がどのように答えられるかも問われるようになりました。テレワークの導入により住まいにはまさに、仕事場としての機能が求められ、オフィスやスタディ（書斎）をもつ住宅が望まれるようになります。そして、SOHO（Small Office Home Office）なる言葉も生まれるきっかけとなりました **Fig.03, 04**。

今、社会が直面しているコロナ禍においても在宅ワークや遠隔授業があたりまえになるとともに、住まいにはますます仕事場としての機能が求められることでしょう。そのような要求のもと、住まいはどのように変わるのでしょうか。これについては、是非フレッシュなアイディアをもつ皆さんに提案を求めたいと思っています。

**Fig.03**「NT」（設計組織ADH、1999年）現代の家族を包容する住宅事例

**Fig.04**「NT」長いカウンターをもつスタディ（書斎）

# 今までに見たことがないような建築を自分たちの手でつくり出すには？

藤木隆明

## 実験建築とは

私たちは、まだ誰も見たことがないような建築の実物（1分の1スケール）を、自分たちの手でつくり上げるという活動を行っています Fig.01。

Fig.01「人工地形」（藤木隆明＋工学院大学藤木研究室＋佐藤由紀子、2011年）神戸ビエンナーレでグランプリを受賞するなど国内外で高く評価された

大学の設計演習の課題では、図面を描いたり模型をつくったりしますが、通常、実物をつくることは滅多にありません。しかし、実物をつくってみないとわからないことが沢山あります。しかも、参考になるものが何もないので、一から手探りで実験を繰り返しながら進めていかなくてはなりません。まさに試行錯誤の連続です。より正確に言えば失敗の連続なのです。そうした数多くの失敗のなかから、やっと解決策が見つかります。

建築の設計というのは、そもそも正解が決まっていないものですが、誰も見たことがないような建築をつくろうとすると、果たして答えがあるのかどうかさえも怪しくなってきます。

しかしながら、本番前に散々失敗を繰り返したおかげで、制作の本番（芸術祭など）では、一度も失敗したことがありません。ここでは、そのあたりのことについて少しお話したいと思います。

―――

## 発想：自然から着想を得る

まず最初に何をつくるかですが、何かヒントになるようなものがないと何も思い付かないでしょう。私たちは、発想のヒント、あるいは手掛かりを「自然」に求めています。

たとえば2006年に制作した「Aqua-scape」という作品は、骨のない「クラゲのような建築」を目指しました。子どもたちだけが中に入ることのできる空間です Fig.02。

Fig.02「Aqua-scape」（藤木隆明＋工学院大学藤木研究室＋佐藤由紀子、2006年）クラゲをモデルとした水に浮かぶ作品。子どもたちだけが中に入れる

普通の建築には、柱や壁といった骨が入っていて建物を支えていますが、この実験建築には骨がなく、水の上に浮かんでいます。

しかし、骨がない建築をつくるのは大変でした。さまざまな素材と工法を試しましたが、ことごとく失敗に終わりました。骨がないために、自分の重さに耐え切れず、つぶれてしまうのです Fig.03。

―――

Fig.03「Aqua-scape」試行錯誤のプロセス。さまざまな素材や工法を試してみたが骨がないとつぶれてしまった

## デザイン：あらゆるものからヒントを得る

実験を何度やっても失敗するときは、ありとあらゆる技術や英知を総動員して解決策を見つける努力をします。コンピュータを用いないとできないようなアルゴリズミック・デザインを試したり、最先端のフィジカル・コンピューティングの手法を用いたり、あるいはまた、日本の伝統文化にヒントを得たりといった具合です。

「Aqua-scape」の難題を解決するのに役立ったのは、「折り紙」でした。一枚の紙を折り曲げて表面に凹凸をつくり出すと、その凹凸の形が全体を強くします Fig.04。

専門用語では、「形態抵抗構造」と言います。全体の形そのものによって、変

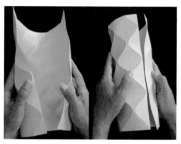

Fig.04 曲面折り紙の手法を用いて1枚の紙を折り曲げ、曲面状の凹凸がつくり出される様子

形しようとする力に抵抗する構造という意味です。

「Aqua-scape」は、一枚の紙に複数のサインカーブを描きそのカーブに沿って折り曲げたときにできる曲面の形でデザインされています。曲面状になった凹凸があることで、骨がなくても自分の重さに耐えることのできる構造が実現しました。失敗の連続のなかから、ようやく見つけることのできたアイデアなのです。

この作品は、世界的に著名なイギリスの建築賞「The AR Award」を受賞し、イギリス・フランス・ドイツ・イタリア・スペインなど、数多くのメディアで紹介されました。またイギリスの美術館に招かれ、個展を行いました **Fig.05**。

**Fig.05**「Aqua-scape Orangery version」
(藤木隆明+工学院大学藤木研究室+佐藤由紀子、2009年)イギリスの美術館で開かれた個展で好評を博した

---

**製作：皆で力を合わせて完成させよう**

さて、デザインが無事決まっても、一人では完成させることはできません。建築は大勢の人が力を合わせないとつくれないからです。

2018年の夏には、新潟県の十日町市で「多孔体：2畳⊂4.5畳」という作品

**Fig.06**
「多孔体：2畳⊂4.5畳」
(藤木隆明+
工学院大学藤木研究室+
佐藤由紀子、2018年)
製作風景

を完成させました。4畳半の空間の中に2畳の和室が埋め込まれた入れ子状の茶室です。国際公募に応募し、全250作品のなかから、見事選ばれました **Fig.06**。

現地に2カ月程滞在し製作を行いました。とても暑い日差しのなかでの作業は困難を極めましたが皆のがんばりによって無事完成させることができました **Fig.07**。

**Fig.07**「多孔体：2畳⊂4.5畳」
人が近付くと生き物のように反応するこの作品に興味津々の子どもたち

植物の細胞壁を思わせる二重に

なった木の構造体の間にはポリプロピレンでできた半透明の筒が挿入されていて、その先端に空いた孔(Breathing Pleats)は、人が茶室の中に入るとセンサーがそれを感知して、まるで呼吸するかのように開閉を始めます **Fig.08**。

**Fig.08**「Breathing Pleats」
最新のフィジカル・コンピューティングの手法を用いて行う呼吸する機構の制御

つまり建築自体がそれを取り巻く環境に反応する一種の生命体のような存在になっているのです。このように、私たちは「21世紀にふさわしい建築のあり方」を目指して、これまでとは異なる建築の実現に向けて日々取り組んでいます。

# コミュニケーションメディア
# としての建築

西森陸雄

建築とは、古くから人類が自分たちの生活や社会活動を行うための場として建造してきたものです。住居、店舗、学校や病院など、普段われわれが利用したり見掛けたりする建築の多くは、その中で人々の活動が行われています。もちろん動物園の獣舎や穀物のサイロ、あるいは工場の建物のように主な対象が人間でない建築もたくさんありますが、それらも元を正せばわれわれ人間が自分たちの社会活動のために必要だとして計画して建造したものです。つまり建築だけではなく、橋やトンネルといった土木構造物、もっと言えば農業活動のために開拓された森林や干拓地などもすべて人間がつくり出した大地の景観であると言えます。このように建築はさまざまな用途で人々の生活を守り、活動を支えています。

しかしながら、そのような建築があっても、中での活動が期待どおりに行われていないケースを最近よく目にするようになってきました。それは賑わいがなくシャッターを下ろしたままの店舗が立ち並ぶ地方都市の商店街や、毎日のようにニュースになる全国の空き家の問題。少子高齢化によって不要になった小学校や中学校。工場が移転してできた大きな空き地など。建物は建ててからまだ50年も経たないのにすでに不要となってほかの使い道もなく放置されてしまっているのです。

これは日本だけの問題ではありません。多くの先進国も抱えている経済成長後の負の遺産なのです。建築はこのように無用になってしまったときに単なるゴミと化してしまっていいのでしょうか? もちろんそうではありません。建築はもっと人々に使われていかなければならないはずです。

このように、今、私たちは人間と建築との関係を改めて見直す帰路に立っているのです。必要な建築を必要なときにつくるだけでいいのでしょうか? また、建築をつくるという経済活動が優先して、それほど必要でもないものをわざわざつくることは許されるのでしょうか? 建築が人々の活動の支えになり、かつ人々に愛され続ける建築であるためにはどのような視点が必要なのでしょうか?

「コミュニケーションメディアとしての建築」とは、建築が物理的な空間を提供することだけでなく、人、モノ、情報などをつなぐメディアとなることが求められているという視点から導き出された研究テーマです。

---

**人と人の交流を支える建築**

コミュニケーションメディアの第一義的な役割としては、人と人、人とモノなどが活発に交わる機会を提供することです。

建築に求められる役割は時代とともに多様化してきており、一つの建築が単一の機能のみで成立することはほぼなくなってきています。住民同士のコミュニケーションといっても、同好会や教室のような昔からある活動以外に、留学生や店舗経営者との交流であったり、政策提言のための積極的な地域活動であった

りします。またそれらの場所の提供方法は、行政による税金を使った公共施設の建設という方法だけでなく、地域から提供される古い建築の再利用であったり、店舗などの一時的な利活用であったりします。

また、観光立国を目指す日本において、近年急速に増えてきている外国人観光客や、それにつられて日本再発見のブームによる国内観光客と地元住民との交流施設のニーズも高まっています。住民同士のコミュニケーションは継続的なものであるのに対し、観光客が対象となるコミュニケーションは単発的なものであると言えます。

これらの機会が隣接するあるいは融合することにより、相互が刺激し合い、新しいアクティビティが生まれたり、新しい事業が誕生することも期待できます。このような人と人、人とモノをつなぐメディアと

**Fig.01**「新宿キネティックウオール」
(西森事務所、2020年)

しての建築は、一つの機能に特化せず、さまざまな活動を内包でき、かつ誘発するような仕掛けやイメージが必要なのです **Fig.01**。

———

**過去と現在、未来をつなぐ役割を果たす建築**

一般的に建築物の寿命というのは人間の寿命よりもはるかに長いと考えられます。もっとも日本においては木造という構造形式と、台風や地震などの自然災害との影響から、人々の生活を支えるための住宅や商店といった建物は諸外国に比べると短命であったと言わざるを得ません。また高度成長の経済活動が優先されてきた日本においては、古い建物を、お金を掛けて使い続けるよりも壊して新しく建てたほうが経済的に有利であるという判断もあって、いわゆるスクラップアンドビルドの建設活動を続けてきてしまったという経緯があります。

しかし最近では環境問題や地球全体のサスティナビリティへの関心の高まりから、古いものを使い続ける機運が高まり、また古いものには新しくつくることのできない独特の味わいや魅力があることが認識されて、リノベーションによる古い建築の活用に、より高い関心が集まっています。

このときの建築や空間では、「時を紡ぐ」という特別な役割が果たされます。百年掛けて築いてきたその建築の歴史を、現在の社会や人々に受け入れられるように手を加え、そして未来の世代にそれを引き継いでいく。文化財としての価

**Fig.02**「西伊豆文房具店リノベーション」
（西森研究室、2018年）

**Fig.03** 伊豆市住民ワークショップの様子

値があってもただ保存するのは維持にも莫大なお金が掛かります。多少の手を加えながら活用していってこそ、次の世代にバトンタッチすることができるのではないでしょうか。しかもリノベーションでしか実現できない、時間が積層された美しさというものもあります。このようにこれからの建築は、更地に新築の建物を建てるだけでなく、行き詰まりを見せている古い都市空間や建築物に新たな息吹を与えていくという役割も果たしていかなければなりません **Fig.02,03**。

———

**シェアのための建築**

時代はまさにシェアの時代。カーシェアリング、シェアハウス、シェアオフィスをはじめ、最近日本でもよく見掛けるウーバーやエ

アビーアンドビー。これらは空いている場所や時間をシェアする目的で生まれた経済活動です。その変化は建築にも大きな影響をもたらし、いままでにない建築のスタイルが求められています。シェアハウスとは、大きな家を複数の住人がシェアするような形態の賃貸住宅で、それぞれ個室はもちながら、キッチンやダイニング、バスルームなどを共有しながら住むというもの。一定のプライバシーは確保しつつも住民同士の適度なコミュニケーションが生まれることが期待できます。

賃料が安いこともあって日本では若者を中心に利用者が増えています。シェアオフィスはその名の通り異なる業種の会社の社員や起業家の人たちが事務所をシェアする形態のことです。ここでもシェアする会社同士や、そこで出会う人のつながりのなかで、新しいビジネスが生まれる可能性があることが魅力だと言えます。

このように場所や時間をシェアすることはさまざまな人同士のコミュニケーションを生むことになります。シェアリングエコノミーが台頭することにより、建築はこのような人と人とのコミュニケーションを生み出すための手段となることが求められているのです。

# あるものすべてが
# 建築の手掛かり

## 建築の手掛かり

建築は、完成後に人々の活動の場となるだけでなく、でき上がる過程からさまざまな人々の合意にもとづいて進められるものですから、その設計は、なぜそのデザインなのかといった説明が必要な場面の連続です。どのような目的に叶い、どのように役に立つのかがイメージとともに共有され、つくる根拠が明確になってゆきます。設計の授業での皆さんの案に対していろんな先生からいろんなアドバイスや意見を受けることに、もしかしたら最初は戸惑うかもしれませんが、そのなかで、社会性を獲得してゆく建築のプロセスを予め体験していると考えてください。こうした議論は、説明のためだけではなく、建築にさまざまな可能性を示してくれるはずです。

---

## 「建築デザイン」の中と外から

議論の基本的な軸として、まずは建物がどのように使われるのかという「機能」、どのように影響を与え合うのかという周囲の物理的な「環境」、そして、どのような時間の流れに属するのかといった「歴史」が挙げられます。これらの点から検証することで、その建築が何を目指しているのかという〈なかみ〉と、どのように実現するのかという具体的な〈かたち〉のそれぞれが明確になり、両者の整合性が高められてゆきます。これらの軸は建築を設計するときの主要な観点で、狭い意味でのデザインの議論の範囲と言えます。しかし実際には、この本に紹介されているすべての

**Fig.01** 「辰巳アパートメントハウス」
（伊藤博之建築設計事務所、2016年）

**Fig.02** 「辰巳アパートメントハウス」内部

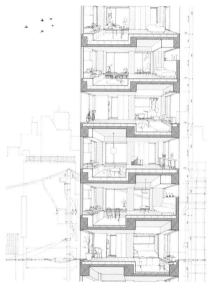

**Fig.03** 「辰巳アパートメントハウス」
断面パース。構造体の間に人の居場所が生まれる

視点がそうであるように、〈なかみ〉と〈かたち〉を橋渡しする建築の手掛かりは沢山あります。

たとえば、構造。19世紀の鉄骨造の登場によって、西欧の古典建築がその姿を大きく変えたことを思い出せば、技術が建築に与えるインパクトの大きさは、理解しやすいと思います。設計の現場においても、構造のアイデアや要請は、計画の根本に関わります。もし計画の最後の段階で、構造を計画に取り入れようとするなら、構造体が邪魔もののようになってしまいかねません。

構造体が、その建築にとってどういう意義をもつのか、たとえば平面のなかで柱がどのように位置付けられるのかを、十分に考えることで、それは、〈かたち〉はもちろん、〈なかみ〉にも及ぶ、建築の主要なアイデアともなり得ます **Fig.01,02,03**。

設備など、そのほかの技術的知見も同様に、建築を考える手掛かりとなります。空調効果として、たとえば庇が効果的であるなら、それをどのように外観、あるいは人の居場所として取り込むかを考えることは、地域社会や歴史との関わりとともに、〈なかみ〉を見直すきっかけになるはずです。

このように、狭義の「デザイン」の外側にも、建築を考えるうえで重要な要因が多くあって、建築の諸分野の専門家の緊密な協働によって、計画がより充実したものになるだけでなく、今までなかった建築が生まれる可能性もあります。

さらには、デザイナーの立場からは、煩わしく思われがちな法律さえも、その解釈の仕方次第で、創造のきっかけとなることもありますし、建物を成り立たせる経済的な側面も重要な手掛かりになり得ます。

建築は、私たちの生活のなかの、じつに多くのものと関連しているからこそ、たくさんの手掛かりがあって、それらが建築の世界を広げてくれるのです。

### フラットな視線——良い条件と悪い条件

このような視点をもつことで、一般には制約と思われているものからも、設計の手掛かりを得ることができます。日当たりが良いなどの、一般的に好条件と言える敷地もあれば、その逆もあります。悪いとされる条件も、一度受け入れて、それに対する建築の向き合い方を考えれば、魅力に変えることも十分可能です。

モダニズム建築を代表する建築家、ミース・ファン・デル・ローエ（1886–1969）の「ファンズワース邸」（1950）は、森の中に浮いたような姿が、鉄骨造の軽さを際立たせ、後の建築に大きな影響を与えましたが、じつはこれは川の氾濫原という特殊な場所で、洪水を避ける必要性をきっかけに生まれました。このことは、通常はネガティブに捉えられがちなことも、良し悪しの判断を一度保留して、フラットに眺めることで見えてくるものがあることを教えてくれます。

### 〈集合〉モノの集まりとヒトの集まり

建築の設計では、上記に加えてさまざまな大きさを縦断的に見る視線も重要ですが、対象を単位が集まった〈集合〉として捉えることで、異なるスケールを同時にイメージしやすくなります。集合住宅は、言葉通り住宅の集合ですが、各々の住

**Fig.04**「三組坂 flat」
（伊藤博之建築設計事務所、2019年）

宅は部屋の集合であり、さらに部屋はいくつかの居場所の集合と考えられます。逆に建物が集合して街区をなし、その街区が集まって、まちができます。計画の全体または一部を〈集合〉として捉え、単位を適切に設定することで、人の大きさから、まちの大きさまでの段階的なスケールの連続のなかに計画を位置づけることが可能になります。ある単位空間の集合

**Fig.06**「ウエハラノイエ」
（伊藤博之建築設計事務所、2018年）
住棟が集まり快適な住戸とまちのような風景を生む

**Fig.05**「三組坂 flat」平面。
部屋の集まりが住戸となる

が人の居方や関係に関わるのは当然ですが**Fig.04,05**、より大きな住棟の集合はより大きな人数の住環境に関わりますし**Fig.06**、逆により小さなモノの集合はたとえばファサードとして構成されれば、内外の距離など人の居場所の質に関わります**Fig.07**。適切なスケールのモノの集まりとしての建築によって、直接／間接的に適切な人の集まりが生まれます。

**Fig.07**「日宣神田第2ビル」
（伊藤博之建築設計事務所、2016年）
ズレを伴うT型パネルが複数のスケールを生む

# 建築のパートナーとしての現代アート

## 建築＝空間芸術・応用芸術

本稿では芸術学という外部の視点から建築学のカタチを眺め、建築と芸術、とりわけ現代アートとの関係について考えてみたいと思います。

建築は古来より芸術のいちジャンルとして考えられてきました。芸術としての建築は二つの大きな特徴をもっています。一つ目の特徴は建築が「空間」をメディウムとする表現領域であるという点です。メディウムとは芸術分野固有の表現の媒体という意味です。たとえば絵画は「平面」、彫刻は「立体」がメディウムとなります。

そしてもう一つの特徴は建築が「応用芸術」であるという点です。応用芸術とは何らかの実用的目的に供する道具（手段）としてつくられる芸術です。一方、表現自体を目的とする芸術を「純粋芸術」と言います。絵画や彫刻などは純粋芸術に分類されます。建築は空間を媒体として住む、働くなど実用目的のための場をつくる応用芸術であるということです。

**Fig.01**「15 untitled works in concrete」
（ドナルド・ジャッド、1984年発表）
「チナティ・ファウンデーション」に設置された絵画でもない、彫刻でもないコンクリートでつくられた「スペシッフィク・オブジェクト」

## 「空間」へと向かう現代アート

続いて、現代アートとは何かを考えましょう。その特徴は先に示した芸術学の分類からの逸脱です。

まず、ジャンルからの逸脱です。現代アートの一つの出発点としてアメリカのアーティスト、ドナルド・ジャッド（1928-1994）が1965年に発表した概念「スペシフィック・オブジェクト」が知られています。それは絵画や彫刻など既存の芸術ジャンルに属することを否定した単なる物体という意味です **Fig.01**。さらに現代アートは純粋芸術という枠を超えて、応用芸術との区分をなし崩しにします。ジャッドがオブジェクトだけでなく家具のデザインにも進出したことがその象徴的なできごとです。彼はその後、テキサス州マーファに建築と土地を手に入れ自作を収蔵する施設を整備します。「チナティ・ファウンデーション」と呼ばれるこの施設ではオブジェクト、家具、建築がジャンルの区別なく空間全体を体験するアートとして位置付けられています **Fig.02**。

**Fig.02**「チナティ・ファウンデーション」
（ドナルド・ジャッド設立、1986年開館）
テキサス州マーファの現代美術館。
旧空軍基地の建物群と340エーカーの土地を改築・整備し大型インスタレーションを中心とした美術作品を設置する

**Fig.03**「豊島美術館」（西沢立衛、2010年）
瀬戸内海の豊島東部の丘の上に位置する半屋外空間で水滴のような形をしたコンクリートシェルの空間。
内藤礼のアート作品「母型」を覆う

## 建築のパートナーとしての現代アート

今日、ジャンルを無効化し、応用芸術にも進出してくる現代アートと建築はともに競合・協力しつつ、新しい表現を生み出しています。無数の事例の一部を概観しましょう。レイチェル・ホワイトリードや西野達など建築をテーマにした作品を制作するアーティストがおり、杉本博司やオラファー・エリアソンなどのアーティストは建築のデザインに参入しています。一方で、建築家たちもアートの世界に参入します。2015年にはアセンブルという建築家集団がもっとも権威ある美術賞・ターナー賞を受賞しました。北京の「国立競技場－鳥の巣」（2008）をスイスの建築家グループ、ヘルツォーク＆ド・ムーロンと中国の芸術家、艾未未が共同でデザインしました。西沢立衛が設計した「豊島美術館」（2010）と内藤礼の作品「母型」は分離不可能な一体の作品と考えるべきでしょう **Fig.03**。気になる固有名詞があったらインターネットで検索してみてください。

## 現代芸術家、柳幸典とのコラボレーション

さて、ここから私たちの活動を紹介しましょう。近年、私の研究室は現代芸術家、柳 幸典のさまざまなプロジェクトに参加し、実践を通じて建築と現代アートの関係性を探求しています。柳氏はイエール大学でアートを学び、アメリカ代表としてヴェネツィア・ビエンナーレに参加した国際的な芸術家です。国旗や紙幣を描いた砂絵にアリが営巣しながら模様を描く「アント・ファーム」という作品がよく知られています。日本に帰国後は瀬戸内海の孤島で廃墟となった銅の精錬所をアートサイトとして再生する犬島製錬所プロジェクトを手掛けました。その後は人口500人の離島、尾道市の百島にアートセンターを構えて、さまざまなプロジェクトを自ら企画運営しています。私は2014年に尾道の港の倉庫で柳氏が企画した展覧会の会場設計 **Fig.04** をきっかけに協働を開始し、尾道を中心に日本各地や韓国でアートと建築が一体となったプロジェクトを進めています。

**Fig.04**〈尾道 CROSS ROAD〉展会場」
（樫原 徹、2014年）第二次世界大戦中に
建てられた尾道港の倉庫を利用した
現代アートの展覧会会場。
構造強度が不足する建物の中に入らず、
周囲から中を覗き込むようにアートを鑑賞する

**Fig.05**「日章館」（柳 幸典、2014年）
百島の廃屋となった映画館をギャラリーに
変え、日章旗をモチーフとしたネオン管と
水盤による作品を設置したインスタレーション

## 島での学び

コラボレーションの主な舞台は百島です。学生たちはそこに滞在し、さまざまなプロジェクトに参加させていただきながら、アーティストから空間に対する構想力を学んでいます。百島には中学校を改装したアートセンターがあり、周囲に小さな映画館を改装したギャラリー **Fig.05**、民家と尾道市の旧支所を改装したギャラリー兼宿泊施設があります。これらはアートセンターの施設であると同時に柳氏のアート作品です。

　私たちが何よりも驚かされるのは空間をデザインするだけでなく、自分たちのチームで施工し、自分たちのチームで運営も行っている点です。建築学生たちはここで空間に対してより積極的に、全面的にコミットする方法を学んでいます。柳氏のディレクションのもとで、私たちは百島で尾道市に委託された島のマスタープランの作成や港のトイレの設計に携わりました。今日アートは作家個人の表現活動であると同時に社会を動かす強力なツールとして期待されているのです。

**Fig.06**「津奈木旧赤崎小学校プールプロジェクト」
（柳 幸典＋樫原 徹、2021年完成予定）
廃校となった小学校のプールをビオトープと
宿泊施設にリノベーションするアートプロジェクト

## 津奈木プロジェクト

最後に進行中のプロジェクトを紹介します。私たちは熊本県水俣市に隣接する津奈木町で廃校を再生するアートプロジェクトに参加しています **Fig.06**。この学校の校舎は日本で唯一海中に基礎をもつ「海に浮かぶ学校」です。このユニークな地域資源を活かしたまちづくりへの貢献がアートに求められます。プールをビオトープに変え、更衣室や倉庫を宿泊施設にリノベーションしたアート作品を提案しています。箱庭のようなビオトープが人を癒し、かつて水俣病という暴力にさらされた海を想う空間が用意されています。津奈木町は2020年夏の豪雨で大きな被害を受けましたがプロジェクトは中断せずに動いています。地域の方々によるビオトープの育成を検討するワークショップにはご自宅を被災した方も参加してくださり、アートに懸ける大きな期待を痛感しています。水俣病の現実を描いた石牟礼道子の詩の一節に因んで「入魂の宿」と名付けられたプロジェクトは2021年の秋に完成します。

Chapter 10

# 10 インテリアデザイン

［工学院大学八王子キャンパス LC-8］（飯島直樹デザイン室、2017年）

# 場の空気をデザインする

インテリアデザインとは、一般的に乗り物や建物の内部、家具等のデザインのことを言いますが、これらはすべて私たちが普段生活している場であり、誰もが日常的に触れているものです。空間において、人が居心地が良いと感じるためには、具体的な形や色だけではなく、光や温度、数値に置き換えられない触感覚まで、その場に相応しい空気感をつくることが大切です。インテリアデザインとは、その場の空気をデザインすることなのです。

### インテリアデザインの領域

私たちの暮らしには、寝食はもちろんのこと、学校に行ったり、ときには映画や買い物に行ったりと、さまざまな場面が存在します。インテリアデザインは、24時間の生活を包み込むすべての環境に関わっています。生活する空間はもちろんのこと、朝、目覚めて何気なく顔を洗ったり、食事をする場面にも、家具や洗面器、食器や窓際のカーテンまで、生活のなかのあらゆるものがインテリアデザインの領域です。

インテリアデザインを学ぶことは、自身の生活を客観的に捉え、日常を検証していくことから始まります。生活そのものがデザインと考え、小さな発見をすることから始めましょう。私たちの生活はシームレスにつながっていますが、一般的にインテリアデザインの分野には、大きく分けて二つの分野があります。生活の基本となる住宅に関わる分野。そして人の営みに関わる商業的な分野、同じインテリアデザインを扱うものでも、その使われ方に大きな違いがあります。

商業の空間には、業種によってそれぞれに明確な目的があります。たとえば食事をする、映画を観る、買い物をする等々、買い物一つとっても、日用品を買うのと、洋服や靴を買うのでは、行くお店も変わり、買い物をする楽しさも違います。商品が変われば、陳列方法も変わり、棚の大きさや高さなど、空間を構成するすべての要素が変わってきます **Fig.01, 02**。

このように商業に関わる空間をデザインする場合には、そこで売られる商品や、提供されるサービスをよく知り、どのような売り方やサービスを提供するのか、その業種に関わるすべての関係性を考察し、デザインしていくことが求められます。

何よりもそこを訪れる人が何を期待し、どのような時間を過ごせるのかが大切になります。そのために素材や色、さまざまな要素で構成したその場の空気によ

**Fig.01**「Hyundai Motor studio Cafe」(spinoff、2014年)

**Fig.02**「UNDERSON UNDERSON」(日吉坂事務所、2019年)

り、訪れる人々の気分や感情をもデザインすることは、あらゆる商業の空間デザインに共通していると言えるでしょう。

### 生活のなかに幸せを感じられる場をつくる

先ほど商業的な分野と記述しましたが、この分野は商業という枠にとらわれず、学校や図書館、病院や駅、空港などの公共生活空間や、近年では納骨堂に至るまで、あらゆる生活に関連した施設、空間を扱っています **Fig.03,04**。

それぞれの空間で既成概念にとらわれることなく、これまでにない空間をデザインすることで、生活のなかに幸せを感じられる場をつくり出すことが、インテリアデザインの役割です。インテリアデザインは日々の生活のなかで、人との関係性を軸に社会と関わり、時代を切り開くコミュニケーションデザインと言えます。

### 変わるもの・変わらないもの

次に「住宅のインテリア」についてお話しします。イ

ンテリアデザインの分野には、「商業」と「住宅」があるとお話ししましたが、そこでふと疑問に思う人もいるでしょう。いったい住宅のインテリアは、商業空間のインテリアと何が違うのか? と。

違いはいろいろありますが、一番大きなポイントは、人と時間です。住宅は、よほどの例外でない限り「ある特定の人が」「ある程度長い時間を」過ごす場所です。一生同じ住まいで暮らす人もいますし、地方から上京して一人暮らしをする人だって、最低でも半年から1年くらいは住み続けるでしょう。

そしてこの「時間が長い」という特性は、その間にさまざまな変化が起きるということを意味します。独身者が結婚して二人暮らしになったり、逆に子どもが独立して家族が減ったり、隣の空き地にマンションが建ったり、所有する物や設備が変わったり。人が快適に暮らし続けるために、住空間には「時代の変化に対応し続ける柔軟さ」が求められます **Fig.05**。

一方で、住まいには「時代に流されず変化しないもの」も必要です。建築は人の記憶や歴史を蓄積す

**Fig.03**「工学院大学八王子キャンパス LC-8」(spinoff、2017年)
図書館の機能に加え学生が一人から八人まで自由に使える個室スペースがあり、ラーニングコモンズの実践の場となっている

**Fig.04**「萬松寺納骨堂 水晶殿」
(藤村デザインスタジオ一級建築士事務所、2009年)

**Fig.05**「東松家住宅」(1901年頃)
名古屋の堀川沿いにあった油問屋の商家。
増築された結果、内部は複雑なスキップフロアの3階建てになっている

ることのできる稀有な存在。その柱を見たり壁に触れたりするだけで、一瞬にして何かを思い出してしまうような記憶装置となりえます。もし住まいが全部更新されてしまったら、その家に住んだという証がなくなってしまいますよね。つまり住宅のインテリアには、「変わるもの」と「変わらないもの」の両方があることがとても大事なのです。

変わらないものに記憶を蓄えつつ、時代に合わせて自ら手を加え変えていく。この両方があって初めて、家への愛着につながっていきます。今までいくつもの住まいを拝見しましたが、名作と呼ばれる住宅には必ずこの両方が揃っていました。これがいい住宅インテリアの条件だと私は思っています **Fig.06,07**。

大量生産・大量消費の時代は終わり、現代は建築的資産を大切に使っていこうという時代。近年、「リノベーション」という言葉をよく聞きませんか？ 古くなった建物を改修して使い続けることですが、それは誰かの記憶を受け継いで、新しい記憶をつないでいく行為でもあります。住まいは人の物語を蓄積する器であり、そのなかでもインテリアは一番身近で、直接人に関わる大切なものです。

─────

**インテリアを建築全体で考える**

今「直接人に関わる身近なもの」と言いましたが、だからといってただ表面だけきれいに整えても、いいインテリアにはなりません。住宅建築をゼロから考え始めるとき、もうすでにインテリアのデザインは始まっています。住宅は建築のなかでもとくにサイズが小さい建物。なので、意匠（デザイン）・構造・設備など、建築を構成するあらゆる要素がそのまま空間の形や仕上げとなり、インテリアを決定づけることが多いのです。

ということは、建築の成り立ち全体を理解してこそ、本当の意味でいい住宅インテリアがデザインできるわけですね。

専門学校・短大や美大系の大学ではなく、理系の4年制大学でインテリアを学ぶアドバンテージは何か？ それは「建物全体を理解してインテリアを考え

る」という総合的な学びができることにほかなりません **Fig.08**。

─────

［塩見一郎・冨永祥子］

**Fig.06** ある建築家が自邸を改修するために描いた手描きの平面図。長い年月のなかで、何度も手を加えて住み続けている

**Fig.07** 「上原通りの住宅」（篠原一男、1976年）

**Fig.08** 住宅研究ゼミでつくった名作住宅の1:20模型。制作を通して内部空間を疑似体験できる

# 思いを形に

## 生活のなかにあるデザイン

インテリアデザインは、1960年頃よりアートやファッションと結合し、商環境を通して日本独自の進化を遂げてきました。その系譜を検証するとともに、インテリアデザインが商業と関連する事象について、現実のプロジェクトを通しての研究をしています。

　筆者の研究室でインテリアデザインについて学ぶ学生は、まず「お店屋さんごっこ」Fig.01,02 というデザイン活動を体験します。これは各人が思い思いの業態を設定し、ゼロから企画、立案、最終的には空間デザインまでを完成させるというものです。サービス（商品）と顧客の関係、商品と空間の関係、ロゴマークや店舗に関わるグラフィックまで、一つのブランドとしてその価値を提供するショップを完成させ、このデザイン活動を通して商業の仕組みを体験します。

　この体験は、私たちが実際に活動する生活空間をデザインすることでもあるため、まずはそこで行われる活動が快適であるように、あらかじめ人の動きや行動を予想し、整理することが必要です。イン

テリアデザインを行うには、人間の身体の大きさや生理的な行動、たとえば床に座る、椅子に腰掛けるなど、家具の寸法や物との距離、人間同士が無意識に取る間合いなど、ありとあらゆる寸法を常に意識していなければなりません。そのためにはまず自分を基準に、身体の寸法や、普段無意識に行なっている行動を徹底的に観察し、検証することから始めます。住空間、商業空間であってもこの基本は同じです。

―――

## ニュートラルな関係

学生は、この体験を通して、クライアント、デザイナー、生活者という三つの異なるキャラクターを体験することになります。クライアントはどのようなサービスをどのような方法で、誰に提供するのか、そこにはどのような「思い」があり、生活者に何をもたらすのか。デザイナーは生活者の行動を想定しながら、ニュートラルな立場でクライアントの「思い」を形にしなければなりません。

　そして生活者は、このブランドに何を期待し、何に共感できるのか、いち生活

**Fig.02** 「VIBRATE」（村井朝生、2019年）

者でもある自分自身が本当にその価値を受容し得るかを、感じ取らなければなりません。この経験はインテリアデザインを初めて経験する学生が、思考のデザインと形のデザインを修得し、デザイナーとしてニュートラルな最適解を出せるようになることを目指しています。そしてもう一つ大切にしていることは、日本のインテリアデザ

**Fig.01** 「お店屋さんごっこ」展示（2019年）

インが、アートとつながり、それを間接的に空間デザインのコンセプトとしてきたDNAを継承していくこと。空間デザインは機能や必然性だけでは、人の琴線に触れることはできません。

　クライアントの「思い」とともに、デザイナーの「思い」をも形にしていくことが、結果的には空間のデザインを、さらにはブランドを、成功に導くことができるもう一つの最適解だと考えています。

——

### らしさをデザインする

現実のプロジェクトでは、一つのブランドと長く関わっていくなかで発見することがたくさんあります。韓国のソウルを中心に展開しているカフェ **Fig.03** を2009年から11年に渡ってデザインしてきました。11年間で140軒以上デザインし、現在も展開中です。140軒も店舗展開をするのであれば、ブランドとしてひと目で認識できるよう

に、同じデザインの店舗展開をすることは有効な手段ですが、このカフェの店舗展開においては同じデザインの店舗は一つもありません。異なったデザインを展開していくうえで一番大切にしているのは、この「ブランドらしさ」であり、毎回独自性をもった価値で、ほかとは違う明確な個性を表現することです。

　商品やサービス、ロゴマークといった直接ブランドを訴える見える部分と、このブランドを体験したときに顧客の期待に応える「らしさ」のような、人が感じる部分こそがブランドの大切な「思い」であると言えます。この「らしさ」を守っていくために、商品やブランドの歴史や背景を知り、どのように人々の暮らしを豊かにし、社会に対してどのような役割を果たすのかを常に考え、ブランドが生活者とどのような関係や絆を築いているかを常に検証しなければなりません。そして商環境を取り

**Fig.04**「spinwrap arm chair」(spinoff、2001年)

**Fig.05**「spinwrap day bed」(spinoff、2001年)

巻く著しい変化のなかで新しい時代の要求に対応し、常に更新していくことと、変えてはいけない価値を見出し守っていくことで、人に愛され街に潤いを与える商環境をつくることができます。

——

### 価値を変換する

もう一つチャレンジしていることがあります。生活のまわりにある「なんでもないマテリアル」に対して、既成概念や普段見過ごしていることを異なる観点から注意深く考察し、新しい価値に変換する研究をしています。「spinwrap」**Fig.04,05** では精密機器を輸送するときに用いる収縮性の高い透明のフィルムを利用して、アームチェアーとデイベットをデザインしました。透明な膜の上に恐る恐る身を委ねる体験は、まさに浮遊という言葉の意味を体現することになります。

**Fig.03**「paul bassett irwon」(spinoff、2018年)

インテリアデザイン

# うしろを向いて前に進む

冨永祥子

デザインの世界では「今までにない新しさ」が求められますが、私が学んだ大学の設計教育は「過去の優れた作品をしっかり観察し、手を動かして修得する」というものでした。それは時代遅れなやり方にも見えますが、今の私の建築に対する姿勢を大きく決定づけたものでした。

　数年前に私の事務所で設計した「工学院大学八王子キャンパス弓道場・ボクシング場」(2013) **Fig.01**は、日本建築がもつ水平垂直の美しさを、現代の材料と技術で再構成しています。歴史や伝統を参照してデザインした建築ですが、結果的に今まで見たことのない空間ができました。つまり「今までにない新しさ」とは、古いものを切り捨てることではなく、歴史と現代のつなぎ方を考えるところから生まれることもあるのです。

## 歴史と現代をつなぐ

研究活動を通してお話しします。山形県新庄市の旧蚕糸試験場 **Fig.02**は、旧農林省が建てた研究施設で、築80年以上経つ大型木造建築群です。2014年に市の依頼を受けて実測調査を行い、耐震改修＋利活用提案をまとめたのが2016年。現在その案に沿って、年1棟ずつリノベーションを進めており、2021年春には主要な3棟が完成しました。

　過去と現状に関する調査から、いくつかの興味深い事実がわかりました。たとえば、一見同じ形式に見えるこの3棟は、じつは建設年によって構造デザインに微妙な違いがあり、当時の試行錯誤がよくわかるということ。また1階はどれも大きく改造され、状態がバラバラで耐震性も不足していること……などです。

　建物の長い歴史を引き継ぎつつ、

**Fig.02**「旧蚕糸試験場新庄支場第五蚕室」
（冨永研究室＋白岩建築設計事務所、2018年）
同じ形式の3棟に異なる耐震補強を施し、質の違う空間を生み出す

構造を補強し、元の良さを引き出して、どんな新しい空間に生まれ変わらせるか？設計者の考えが問われます。検討の結果、外観は復元／元の状態が残る2階は保存／改造された1階は、各棟で異なる方法の耐震補強を行い、3通りのデザインをそれぞれ施すことにしました。利用者は各棟・各階を回りながら目的に合う空間を選び、同時にこの施設の過去と現在を体験できます。「同じ形式の建物が複数棟ある」という施設の特徴を最大限活かしたわけです。

　目の前の要望や流行に対応するだけでは、建築はすぐに消費されてしまいます。これまでの80年をよく知り考えることが、これから先の80年につながる強さを建築にもたらすと思います。

## 継承しつつ更新する

今お話しした建物は公共建築、つまり公の歴史ですが、一方で無名の歴史がつくり出す建築群もあります。それは集落です。気候・地形・生業・歴史などが緻密に関わり合い、長い時間を掛けて編み込まれた高度な集住体。これらをサー

**Fig.01**「工学院大学弓道場」（福島加津也＋冨永祥子、2013年）
家具のような細い木材による格子状の屋根架構が特徴

インテリアデザイン

Fig.03 島根県の小伊津町集落。複雑な地形に密集する家並みと、近代化のための土木事業が、ダイナミックに共存する

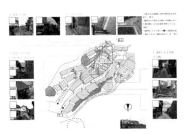

Fig.04 集落の分析の一部、Fエリアの「人工台地」の図。路地と宅地造成のまとまりに着目し、集落を九つのエリアに分けて解読した

ヴェイし丁寧に読み解くことで、「無名の建築群がもつ知性」を獲得したいと思っています。

Fig.03は、古くから良質な漁港として続く島根県出雲市小伊津町の風景です。屋根の連なりがとても美しい集落ですが、複雑な急斜面地のため、集落内には平地がほとんどありません。各住戸の平面は極小で、かつ3−4階建てと背が高く、それが迷路状の路地にびっしり並ぶ超高密度な空間になっています。さらに少しでも良い眺望や採光を得るため、基礎や擁壁で宅地をかさ上げし続けた結果、とんでもなく多様な「人工台地の集住体」ができましたFig.04。一住戸には異なる階に出入口があり、生活路地や庭・海岸などにつながって、それらが葉脈のように集落を網羅しています。集落内の一部には土木的な整備の手も入っていますが、人間スケールと土木スケールの迫力が対等に共存しています。

まち並みをただ冷凍保存するのではなく、すべて一掃するのでもない。地域特有の風景を「継承」しつつ、時代に合わせて「更新」する集落。

そこには、現代の住まいやまちのあり方を考える示唆がたくさん詰まっています。

───

**空間の物語を表現する**

ここに紹介した例は、いずれも「長い時間」が大事なキーワードになっています。建築のもっとも素晴らしい特性は、時間と物語を実体として蓄積できる、というところ。そして私は、建築とそれにまつわる背景・そこに関わる人々が織りなす「総体としての物語」が、たまらなく好きなのです。建築は動かせないので、その魅力を多く

の人に伝えるには2次元表現が不可欠です。ところが一般的な空間表現の手法（図面／写真／透視図／動画など）は、建築の最大の魅力である時間と物語を伝える手段としては不十分です。逆に言えば、まだここには開拓の余地が残されているということですね。

私の好きなフランスの漫画家、ダヴィッド・プリュドムの作品に『Rébétiko-la mauvaise herbe（レベティコ）』（Futuropolis, 2009）という本がありますFig.05。第2次世界大戦間近のアテネを舞台に、ならず者の音楽仲間が繰り広げる1日を描いたものですが、時間・建築・まち・人物・音楽・語りが一体となった表現は本当に素晴らしく、まるで昼下がりから翌朝までずっと、彼らとともにまちを動き回っているような錯覚に陥ります。空間体験を丸ごと伝え、多くの人と建築の物語を共有できる表現を追求したいFig.06。私の究極の目標はここにあります。

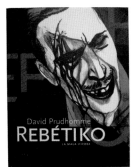

< Fig.05 スペイン語版『Rébétiko』
バンド・デシネ（フランス・ベルギー語圏の漫画）は空間と時間の表現に長けている
> Fig.06 事務所で制作したドイツ近代木造の本『HolzBau』の一部。現地での空間体験を漫画で表現した

# 11 共生デザイン

「コンシュル知花」（日本技研コンサルタント、2002年）

# 誰でもがともに使うデザイン

建築や家具などを使う人にはいろんな人がいます。年齢、性別、身体的特性、言葉、社会的状況など、多様な側面で異なるアイデンティティをもった人々が共生するのが社会です。一方で、建築、家具やさまざまなプロダクトといった空間をデザインする場合には、その平均的な姿を求めることがあります。なぜならば、ものをつくるときには具体的に特定の寸法を決め、形などを特定しないとデザインにならないからです。つまりこれは使用者をいろいろな意味で限定してしまう作業です。さまざまな人の多様な要求と空間やプロダクトの限定性とのバランスを追求するのが共生デザインなのかもしれません。

### LGBTQって知ってますか？

LGBTQはいろいろなメディアやSNSなどでも取り上げられる言葉ですね。レズビアン（L）、ゲイ（G）、バイセクシャル（B）、トランスジェンダー（T）の四つに、自分の性別がハッキリわからないクエスチョニング（Q）を加えて、LGBTQと言います。最近では、この五つだけではなく、もっとさまざまな方がいるので、LGBTQ（+）、LGBTQIA（+）、LGBTsなどといった言い方もあるようです（それぞれの略称の意味は興味があったら調べてください）。

さて、たとえばこういった方々は日常生活でどんな問題を抱えているのでしょうか。自分のアイデンティティを他人に理解してもらえない悩みや、他者からの偏見や差別による苦しみなど多くの課題を抱えていることでしょう。では、こうした人たちの抱える課題と建築との関係には何があると思いますか？

たとえばトイレはどうでしょう。自宅であれば問題ありませんが、デパートやモールといった商業施設、駅などのトイレは男性用・女性用・多目的用（だれでもトイレなど車椅子利用者・介助が必要な方・赤ん坊を連れている方など用）に分かれていますが、このような場合、どのトイレを使うのかが問題となりそうです（少し話がそれますが、30年以上も前、歩行障害のあるスウェーデンの方がトイレについてこんなことを言っていました。「まちのなかのトイレには男性用、女性用、車椅子用の3種類があるが、私の性別は車椅子ではない！」）。

あるとき、フィンランドのヘルシンキにある小学校を訪れたときに、**Fig.01**のようなトイレを見掛けました。日本では学校のトイレは男性用と女性用に分かれていて、そのなかにトイレ用のブースや男性用の小便器が並んでいるのですが一般的ですが、この小学校ではみんなが使う教養のラウンジのような空間に面して七つの扉が並んでいました。この一つひとつがトイレなんです。それぞれのブースには大便器と小便器が一つずつ付いていました。男の子でも女の子でもどのトイレも使うことができます。このトイレは性別に左右されることなく平等に使うことができるトイレです。

その数年後、やはり同じヘルシンキ市内のレストランで

**Fig.01** フィンランドの学校のトイレ。
男女の別なく廊下に面して誰でもがいずれのトイレも使うことができる

Fig.02のようなトイレを見掛けました。このレストランのトイレは男性女性の区別なく同じエリアに並んでいます。一応右側のブースには女性用とのサインが付けられていて男性が使用することはできませんが、それ以外のブースは男女兼用です。正面の扉の向こう側には男性用の小便器が並んでいました。 日本ではこうしたデザインにまだ抵抗感があるかもしれませんが、欧米の一部の国や地域では、比較的見られることが多くなってきているようです。こうしたトイレのことをオールジェンダートイレと呼ぶことがあるようで、2019年に完成した新国立競技場にもこうしたオールジェンダートイレがつくられています。

### 福祉住環境デザインからの展開

工学院大学の建築学部は2011年に設立したときから建築デザイン学科のなかに福祉住環境デザイン分野を一つのデザインの分野として位置付けてきました。高齢者や障害者が暮らしやすい空間のデザインを考えるという趣旨で、「福祉」というわかりやすい言葉を使った分野がつくられたのです。しかしそれから10年を経て少し状況が変わってきました。上述のようなLGBTQだけでなく、一時期は年間3,000万人を超えた訪日外国人、ひとり親のような家族形態の多様化、毎年繰り返される災害による被災者、拡大する格差社会によって生じている貧困層などいわゆる社会的な弱者がさまざまな分野で生まれてくるようになってきました。これらの課題に対して建築やデザインはどのような対応ができるのだろうか、何を考えていかなければならないのだろうか、といった課題に取り組む必要性が大きくなったように思われます。そこで2021年から福祉住環境デザイン分野は新たに、さまざまな人々とともに生きる、ともに生活することを目指した建築や空間をデザインする領域として「共生デザイン分野」と名称を新たにすることにしました。

### 「しょうがい」はどこにある?

障害者という言葉はご存知ですね。これまでは漢字で「障害者」と書いていましたが、最近では「害」という字が悪いイメージをもつために、ひらがなを入れて「障がい者」、または違う漢字を当てて「障碍者」などと書くことが増えてきました。ところでこの障害者という言葉の「障害」は一体どこにあるのでしょうか。たとえば歩行障害のある方にとって、その「障害」はその方の身体にあるのでしょうか。最近ではこういった「障害」は、社会にあるという考え方があります。たとえばメガネです。皆さんのなかには近眼などでメガネを使っていらっしゃる方もいらっしゃいますよね。近眼という身体の特徴に対して、今の日本ではどこでもメガネを手に入れることができるようになっています。つまり近眼という「障害」を社会のインフラが整えられることによって、そ

**Fig.02** 左写真はフィンランドのレストランのトイレ。右側が女性専用のブースとなっているが左側は男女兼用となっている。
右写真はトイレブース内部。車椅子でも使うことができ、介助が必要な場合でもゆとりのあるスペースを確保している

れが「障害」ではなくなってきているわけです。このような考え方をしてみると、さまざまな「障害」を抱えている方々にとって、それらのハードルを低くする役割は社会やインフラにあると考えることができそうです。そうなると、建築やデザインの役割は大きいのではないでしょうか。ユニバーサルデザインやバリアフリーという言葉があります。広い意味でのユニバーサルなデザインを提供することにより、さまざまな社会的な弱者に対するバリアをなくす（フリーにする）デザインを考えるのが共生デザインの大きな目的です。その一つの手法として建築やプロダクトのデザインの工夫があります。

### たとえばどんなデザイン？

［ダンボールシェルター］

震災や水害などが発生したときに、学校の体育館のような大空間に避難されている方々の様子をTVなどで見た人も多いでしょう。家が壊れたり、なくされたりした方々が、プライバシーもない大空間で疲れ果てている様子は、空間のデザインで何とかならないのかと考えられる大きなテーマです。そこで建築学部の研究室で考えたのが、このダンボールシェルターです**Fig.03**。これは建築プロダクトデザインの一つの事例です。軽量で可搬性があり、設置しやすく、保管しやすいなどの利便性を確保しつつ、災害時の居住性を高めることができるようになっています。

［ホームオフィス］

2020年は新型コロナウイルス感染症により、これまでの生活や働き方の常識が一変する年となりましたね。とくに仕事は、職場に行って一定の時間を職場の仲間と過ごして働くことが通常のスタイルでしたが、在宅勤務、テレワークなどがかなり浸透し始めました。このような場合、自宅などに働く場所を確保することが必要になります。書類の収納やPCの置き場などを簡単に展開して働く環境を整えることを考えたのがこのホームオフィスです**Fig.04**。

［病院の待合の椅子］

病院で患者さんが診察を待っているときに座っている椅子をご存知ですか？ 同じデザインの椅子が並んでいるのが一般的ですね。でもその椅子を利用する患者さんにはいろんな方がいます。若い人、年をとった人、背の高い人、背の低い人、荷物をたくさん持っている人、子どもを連れた人、車椅子でやって来た人、車椅子に付き添って来た人、とても身体がつらい人、立ち居がしにくい人など本当にさまざまです。それならば、二人掛け、三人掛け、ハイバック、ローバック、肘掛けの有無、高い座面、低い座面など、患者さんが選択できる椅子をデザインしてはどうでしょう。

［**筧 淳夫**］

**Fig.03** ダンボールシェルター。
体育館等の一次避難環境では「衣食」は足りるが「住」がない。
ダンボールシェルターは、長期間の避難生活に耐え得る住環境を提供する

**Fig.04** ホームオフィス。
リモートワークやテレワークの時代に即した折りたたみ式書斎。
必要なとき必要な場所に、自分だけのオフィス空間を提供する

共生デザイン

# 建築プロダクトデザイン／
# モノと空間の領域を
# 横断するデザイン

**建築プロダクトデザインとは**

建築プロダクトデザインとは、建築とプロダクトを融合させ、ともに暮らしを支える、共生のデザインと言えるでしょう。

従来、都市と建築とインテリアとプロダクト（家具や照明等）の関係性は、入れ子状に考えられていました。つまり都市のなかに建築があり、建築のなかにインテリアがあり、インテリアのなかにプロダクトが存在するというように。しかし現実は異なります。建築と建築の間に都市があり、プロダクトとプロダクトの間にインテリアがあります。食べる場所、寝る場所、くつろぐ場所を思い浮かべてほしい。生活者の視点から私たちの身のまわりの環境を再考すると、建築とプロダクトはきわめて補完的であり、連続的な関係にあります。

建築の寿命は、物理的な要因からではなく、内部の利用形態に不都合が生じたときに訪れます。住宅の場合、家族構成やライフスタイルの変化と建築の平面計画にずれが生じたときに不都合が生じます。しかしインテリアに自由度があれば、これは対応可能な問題です。間取りや仕切り壁、家具をはじめとするプロダクトに可変性と移動可能性が備えられていれば、建築の使い勝手は良くなります。

つまり、プロダクトデザインがインテリアの自由度を支え、インテリアデザインが建築の寿命を決定し、終には、建築で構成される都市の景観の持続可能性までも左右するのです。どうでしょう、プロダクト（モノ）と建築（空間）の新しい関係性が見えてきませんか。

私が好きな北欧の建築家の一人にデンマークのアルネ・ヤコブセン（1902-1971）がいます。彼は建築とプロダクトデザインを両立した建築家でした。彼の代表作「エッグチェア」（1958）は、「SASロイヤルホテル」（1960）のロビー用にデザインされました。この椅子に座ると、頭の両脇がヘッドレストに覆われ、視界が包み込まれます。広いロビーの中にあっても、とても落ち着くパーソナルスペースが生まれます。この椅子はプロダクトでありながら、建築の間仕切りのような機能を併せもちます。

このように、建築とプロダクトの領域を横断するデザイン、つまり「モノと空間を行き来するかたち」を建築プロダクトデザインと呼ぶこととします。そして建築プロダクトデザインには、大きく分けて二つのかたちがあります。「モバイルアーキテクチャー」と「建築家具」です。

———

**モバイルアーキテクチャー**

モバイルアーキテクチャーは、建築でありながら家具のように移動できます。動かないはずの建築が動くことによってもたらされる恩恵は、都市に与えられるフレキシビリティです。古来より、モバイルという概念は仮設空間を活性化してきました。今でも屋台や市場、サーカスなど移動型の仮設イベント空間にその演出が垣間見えるでしょう。

移動する建築の原型は、バックミンスター・フラー（1895-1983）の「4Dタワー」（1927）に見ることができます。当時、自動車・大型客船・飛行機・飛行船等が実用化され、人々は新しいテクノロジーが到来する未来に酔いしれていました。

フラーが考案した「4Dタワー」の建設期間はたったの1日。建設場所に飛行船で移動し、爆弾を落とし、その穴に向けて基礎部分を落とし込み固定します。ただの10階建ての高層集合住宅にあらず、巨大飛行船グラーフ・ツェッペリンによって世界中どこにでも運んでいけるモバイルアーキテクチャーなのです。

———

**建築家具**

建築家具とは、限られた空間を有効に活用するために考えられた家具と建築の中間的なプロダクトを指します。家具が建築の機能を併せもつと、空間には可変性が生まれ、用途にはフレキシビリティが生まれます。建築家具を使えば、一つの部屋を多目的に使用したり、時間別に大きさを変えて使い分けることが可能となります。

建築家具の原型は、バックミンスター・フラーの「ダイマクシオン居住装置（ウィチタ・ハウス）」（1945）のポッドに見て取れます。ポッドと呼ばれる可動間仕切り家具は、収納のためのスペースを保持し、同時に部屋を間仕切るパーティションの役目を果たします。部屋の図面を眺めると、ポッドがまるで時計の針のように回転して空間を分割しているのがわかるでしょう。このフレキシブルな回転によって、使用中の部屋を大きくし、使わない部屋をコンパクトに扱うことができるのです。さらに、ポッドの中には垂直に回転する収納棚があります。必要な物を取り出しやすい高さ

に移動できる自由度が魅力的ですね。

**建築プロダクトデザインの歴史的変遷**

モバイルアーキテクチャーと建築家具という二つのカテゴリーの歴史的変遷について見てみましょう。

モバイルアーキテクチャーの始まりは、第一次世界大戦前後の技術革新にありました。1900年初頭のヘンリー・フォードによる自動車の大量生産や、ツェッペリンによる巨大な飛行線は、移動距離、時間、速度を飛躍的に拡大しました。この変化に真っ先に反応したのがバックミンスター・フラーでした。フラーは動かない建築を動かすことを考え、どこにでも移動可能な集合住宅「4Dタワー」を提案しました。この考え方は、アルミニウムの大量生産が可能となった1900年代中頃、住宅を大量に工場で生産し現場にて組み立てるプレファブリケーションの考え方につながっていきました。フラーの「ダイマクシオン居住装置」「ライトフル・ハウス」(1954)、ジャン・プルーヴェ(1901–1984)の「トロピカルハウス」(1949)などがこの流れにあります。日本では、GKインダストリアルデザイン研究所の榮久庵憲司(1929–2015)が開発した「ヤドカリ」(1969)というカプセル建築から、黒川紀章(1934–2007)の「中銀カプセルタワービル」(1972)に未来の住宅のイメージがつながっていきます。

最終的に、フラーやプルーヴェの思想は、ノーマン・フォスターやレンゾ・ピアノに受け継がれていきました。ピアノが発表した「IBM移動展示パヴィリン」(1980)

**Fig.01** 「Modio」(鈴木敏彦、2009年)
モバイルアーキテクチャーの例。
エアストリームと空気膜ルーフによる
移動型展示空間

は、分解と組み立てを繰り返し、世界中を移動しながら展示・広報するプログラムです。筆者の「Modio」(2009)**Fig.01**もこのコンセプトに共感して制作したものです。近年、モバイルアーキテクチャーにはファッションやアートの観点から注目が集まっています。エドワード・ブートリンクの「ザ・キャラバン」(1986)や、ヴェルナー・アイスリンガーの「Loftube」(2003)が新しい居住空間を体現しています。

建築家具の革新は、フラーの「ダイマ

クシオン居住装置」のポッドから始まりました。ポッドは収納でありながら同時に部屋を分節する壁です。これに続いて、GKインダストリアルデザイン研究所の「家具住居」(1964)、ジョエ・コロンボの「Roto Living」(1969)、黒川雅之の「家具住居」(1971)、筆者の「建築家具」(2008)**Fig.02**もフラーの思想を引き継いでいます。

近年は、デザインとアートの境界がなくなってきています。アーティストのアンドレア・ジッテルの「A to Z Living Units」(1992–93)は、建築家具のアート性を明らかにしました。また、インゴ・マウラーは、「Lighting concept for seven subway stations」(2004–)において、アーティスティックな光で場所を創出しました。光が空間をつくるという意味においては、これもまた建築家具であると言えるでしょう。

**Fig.02** 「建築家具」(鈴木敏彦、2008年)建築の機能である間仕切りと家具の機能である
用途を統合した建築家具は、生活空間にフレキシビリティをもたらす

# みんなが一緒に過ごすことのできる環境は？

**高齢者の居住環境——**
**環境が人に与える影響**

もう20年以上前のことです。高齢者が集まって日中の生活を過ごすデイケア施設において、利用者による施設の使い方の様子を把握するために観察調査を行っていました。その施設は、昔ながらの大きな空間の中で、魚の型紙を磁石で釣り上げるレクリエーションや、座ったままで輪になりながら紙風船を叩いて渡す風船バレーといった、いわゆる集団的な処遇がなされていました**Fig.01**。

**Fig.01** 改修前のデイケア

　その施設で片隅に立ちながら観察調査をしていると、私の近くに一人の高齢の女性の利用者がやってきました。「あんたいい男やね。うちの孫娘と結婚せんね」と語り掛けてくるのです。そしてひと通り話し終えると、満足したのかほかの利用者のところに行きます。しばらくするとまたその女性が私のところへやってきて「あんたいい男やね。うちの孫娘と結婚せんね」と同じことを繰り返します。そしてそれが30回以上繰り返されました。明らかにこの方は認知症の症状を呈していました。それから1年後です。その施設は大規模な内部改修を行って、新しい施設

に生まれ変わっていました。以前と同じ建物の同じフロアですが、大空間はモダンな家具やパーティションでそれぞれのエリアの利用日的に応じて分けられており、個別の空間の集合体になっていました。前回と同じように観察調査を行っていると、利用者の行動が以前と大きく異なっていることがすぐにわかりました。みんなが落ち着いて、それぞれの時間を思い思いに過ごしているのです。以前のような明らかに問題行動を起こしてる方は見られません**Fig.02**。

**Fig.02** 改修後のデイケア

　調査終了後、施設の方にお話を聞きました。「この施設の利用者層が変わったのですか？ 前回の調査のときに私に声を掛けたような問題行動を起こしていた高齢の女性はどこへ行ったのですか？」と問い掛けると、施設の方はしばらく考えた後「そんな人はおらんかったかもしれん」と呟くように答えました。「利用者層は変わっていない。あのときのあの方は大空間をベースとしたケア環境において、当時の集団的なケアが生み出しただけなのかもしれない。あのときのあの方の姿は、本当のあの方ではなかったのかもしれない」とおっしゃいました。

**利用者の特性を知る**

人間は高齢化に伴って身体的な機能が少しずつ衰えていきます。細胞から始まって、臓器・骨と関節・筋肉と体脂肪・眼・耳・口・鼻・皮膚・脳と神経系、などさまざまな機能が少しずつ変化していきます。しかもその変化は急に起こるのではなく、少しずつ起きるために本人には衰えたという自覚がないことがあります。一般にこのことはよく知られていますが、こうした方が利用する空間をつくる私たちは、高齢者の心身に一体何が起きているのかを知ることによって、どのような課題を抱えているのかを正しく理解することが必要です。このことは高齢者住宅や高齢者施設を計画するためだけではありません。

　2020年には65歳以上の高齢者の割合（高齢化率）が28.9％となりましたが、2040年には高齢化率が35.3％、2060年には38.1％に達します**Fig.03**。これからの日本の建物は、こうした高齢の方々が使うのですから、商業施設・スポーツ施設・公共交通機関など、すべての施設において高齢者を正しく理解した設計が必要となります。

　ここでは高齢者の問題を記しましたが、それだけでなく障害をもった方、LGBTQの方、訪日外国人など、さまざまな問題を抱えている方々の課題をきちんと理解し、それに対応した建築が必要となるのでしょう。

共生デザイン

| | 総人口 | 65歳以上人口 | 65歳以上割合 |
|---|---|---|---|
| 2020年 | 1億2,532万5,000 | 3,619万2,000 | 28.90% |
| 2040年 | 1億1,091万9,000 | 3,920万6,000 | 35.30% |
| 2060年 | 9,284億 | 3,540万3,000 | 38.10% |

**Fig.03** 日本の将来推計人口

### 医療施設の環境──入院することの問題

現在、日本の病院に入院している患者さんの多くは高齢者です。そしてその高齢者は、それまで生活していた環境が大きく変わると非常に大きなダメージを受けます。自宅で生活していた高齢者が、何らかの病気や怪我によって入院すると、途端に自分の居場所がわからなくなったりする問題行動を起こすことがよく知られています。こうした高齢者の認知理解力に影響を与える要因として、環境的な因子が指摘されることがありますが、果たしてそれはいったいどの程度の影響力を与えているのでしょうか。「お年寄りは個室に入院すると認知・理解力が衰えてボケてしまう」などとよく言われますがそれは本当でしょうか。こうした環境と患者の行動との関係を、データを使って分析し、その影響の程度を明らかにするような研究を行っています。

───────

### 医療事故や院内感染への対応

1999年に国内で非常に大きな医療事故が発生し、それ以降、医療安全は医療施設の質を評価する極めて重要な要因の一つになりました。また2020年に世界中で大流行した新型コロナウイルス感染症で明らかになったように、医療施設のなかにおける感染対策も極めて大きな課題です。こうしたなかでこれらの医療事故や院内感染に対して、施設環境はどのように関わっているのでしょうか。残念なことにこうした事象が発生すると、医療スタッフは自分たちのやり方に問題があったなどと「人的要因」に問題があったという分析が一般的でした。しかしこの10年ぐらいでこうした状況は少しずつ変わりつつあります。そもそも、その作業環境や患者の療養環境にも問題があったのではないか、という視点が生まれてきました**Fig.04**。

現在、あるグループの分析では、医療施設で発生するさまざまな事故のリスクのなかで物的環境に要因するものを五つに分けて考えています。

A. 患者による使い方・置き方のリスク

B. 物の性能のリスク

C. 不適切な環境設定・
　維持管理不足によるリスク

D. スタッフによる物の不適切な使用・
　利用・選択・設置・確認不足によるリスク

E. 不適切な作業環境による
　スタッフの作業上のリスク

以上の五つです。

このように医療施設で実際に起きている事故の事例を、施設環境の立場から詳細に分析することにより、問題のありかを医療の現場に伝えるような研究も行なっています。

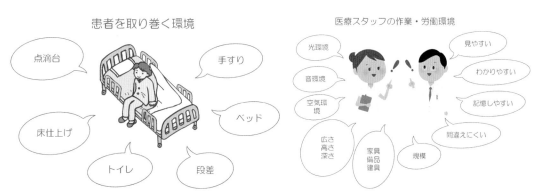

**Fig.04** 医療事故と環境要因。さまざまな環境要因によって発生する医療事故のリスクを低減する試みが行われている

# 12 保存・再生デザイン

「東京駅丸の内駅舎保存・復原」
（設計：JR東日本、ジェイアール東日本建築設計事務所・ジェイアール東日本コンサルタンツJV、2012年）

# 古い建築の新しい魅力を引き出す

これまでの日本では古くなった建築を解体して新しい建築をつくる「スクラップ・アンド・ビルド」の考え方が中心でしたが、近年では古い建築を壊さずに残して活用するケースが増えてきていて、今後もますます増加していくことでしょう。

では、古い建築を残す場合、外観の何をどのような方法で残すのでしょうか？ また、内部のどこの部屋を変えてどのように活用するのでしょうか？ 活用方法（理論）を検証しながら、それを具現化する設計手法（実践）を探求し、古い建築の新しい魅力を引き出していくことが保存・再生デザインです。

### 多様化するストック

保存・再生デザインの前提として、まずわが国の文化財の制度について簡単に触れます。日本では「文化財保護法」にもとづき体系的に整理されていますが、「有形文化財」に該当する建築は「重要文化財」と「登録有形文化財」の二つに分けられ、重要文化財のうちとくに価値の高いものが「国宝」です。

これまでの日本の文化財は寺・神社・城など現在は日常的に使用されていない用途が中心でしたが、時代が経つにつれて学校・事務所・店舗などの私たちが日常的に使用している用途にも広がってきています。たとえば、日本橋三越や高島屋日本橋店は重要文化財であると同時に現役のデパートでもあるため、当然ながら売り上げを上げなければなりません。つまり、文化財として保存されるだけではなく、現代のニーズに合うデパートとして活用されなければ駄目だということで、これからの文化財は日常的に使われている用途の建築が増えていくことから、保存だけでなく活用が重要視されています。

「広島平和記念資料館」(1955) **Fig.01**と「世界平和記念聖堂」(1954)は戦後の建築として一番初めに重要文化財に指定されましたが、戦後の「モダニズム建築」も重要文化財となる時期を迎えています。重要文化財は建築が完成してから50年以上経過していることが一つの目安ですが、明確には定められていません。「国立西洋美術館」(1959) **Fig.02**は竣工後48年、すなわち50年未満で重要文化財となり、2016年には世界遺産にもなりました。

一方、登録有形文化財は国宝と重要文化財を補うために設けられた制度で「建設後50年を経過」という基準が明文化されています。また、国宝と重要文化財は意図的に解体されることがありませんが、登録有形文化財は所有者の意思で解体されてしまうことがあるという違いもあります。

───

**Fig.01** 「広島平和記念資料館」(丹下健三、1955年)

**Fig.02** 「国立西洋美術館」(ル・コルビュジエ、1959年)

### 生きた文化財

#### －東京駅の復原における保存・再生デザイン－

　それでは、ここからは2012年に完成した「東京駅丸の内駅舎保存・復原」(以下、東京駅)を具体例として、保存・再生デザインの手法を詳しく見ていきましょう。

　「赤レンガ駅舎」として親しまれている東京駅は、本学の前身である「工手学校」の設立にも携わった辰野金吾(1854–1919)が設計を手掛けた、南北の屋根が丸いドーム型の鉄骨煉瓦造3階建ての建物で、1914年に竣工しました。関東大震災では大きな被害はありませんでしたが、戦時中の東京大空襲によって屋根や内装を焼失しました。戦後すぐに復興されましたが創建時の姿ではなく、南北のドーム屋根は八角形に、3階建てを2階建てにする応急復旧で、長い間その姿を大きく変えていました。

　しかしながら、東京駅は「首都東京の顔」として日本を代表する歴史的建造物であり、近代建築としての価値も認められ2003年には重要文化財に指定されました。さらに、都市再生のためには「首都東京の顔」としての景観形成が重要であり、そのためには東京駅の復原が必要不可欠だと認識され、さらに周辺の開発も

**Fig.03**「東京駅丸の内駅舎保存・復原」
(JR東日本、ジェイアール東日本建築設計事務所ほか、2012年)

**Fig.04**「東京駅丸の内駅舎保存・復原」アトリウム

あいまって創建時の姿に復原されました。それでは、この壮大なプロジェクトの「保存」「復原」「免震」「活用」という四つのポイントを順番に説明していきます。

　まず「保存」とは現存する部分を可能な限り残したことで、1階と2階の外壁と躯体が該当します。外壁は化粧煉瓦・花崗岩・擬石(セメントに花崗岩の種石を混ぜた仕上げ材)で構成されていますが、基本的に剥がれる恐れのない部位は保存されています。また保存した材料を洗浄でどのくらい綺麗にするのかも重要ですが、東京駅では材料の性能に問題がなければ汚れは無理して落としてはいません。

　現在は仕上げに隠れている躯体の内壁も可能な限り保存されていますが、あると想定されていた壁がなかったり、逆にないと想定していた壁があったりして、その度に設計が見直されました。保存・再生デザインの設計は、ある想定を前提条件としてまとめられ、実際の状況を工事中に確認しながら進めるプロセスが新築とはまったく異なりますが、そこが非常に難しい部分でもあり面白い部分でもあります。

　次に「復原」とは戦災で失われた外観(屋根と3階)**Fig.03**とドーム内観(見上げ部分)を創建時の姿に戻したことです。屋根は創建時と同じ天然スレートと銅板で復原されましたが、天然スレートとは習字の硯石でも使われる玄昌石という石を、A4判程度の大きさにカットした屋根材で約45万枚葺かれています。宮城県石巻市の工場に保管されていた出荷前の天然スレートは東日本大震災の津波で流されてしまいましたが、可能な限り採用されており、中央部とドーム部に葺かれている大震災の津波に耐えた天然スレートは震災復興のシンボルにもなっています。

　3階の外壁は新設された鉄骨鉄筋コンクリート造の躯体に化粧煉瓦が張られていますが、保存部分と復原部分を違和感なく調和させるため原料の調合や焼成温度を変えて色が再現されただけでなく、色のムラや雨に濡れた状態にも配慮されています。このように保存・再生デザインには材料の検討も不可欠です。

　ドーム内観の装飾類のデザインは数少ない創建

時の古写真から検証され、色は創建時の文献中の記述から決定されました。デザインの特徴は兜・剣・鳳凰・干支など日本的なモチーフが多く用いられていることで、日本の「中央停車場」としての意図が感じられます。創建時の装飾類は漆喰と石膏でつくられていたのに対して、復原では安全性を重視した石膏にガラス繊維を混ぜた新しい材料が採用されていますが、デザインと現代に求められる性能とのバランスも非常に重要です。

　続いて「免震」とは建物を免震構造にして安全性を向上させたことです。東京駅では既存の建物を免震構造にする「免震レトロフィット」によって地震時の安全性が大きく向上しただけでなく、補強の部材が減ったことで活用の自由度が増し、創建時の躯体をより多く保存できました。地震大国の日本では保存・再生デザインにおいても地震対策は必須で、日本で初めて「免震レトロフィット」を採用した国立西洋美術館以降、近年では「広島平和記念資料館」など数多くの建物に採用されています。

　東京駅の「免震レトロフィット」では、松杭に支えられていた復原前の駅舎の荷重を、まず仮の杭にいったん移し替えた後に松杭を撤去しながら地下の躯体をつくり、次に地上と地下の間に免震装置を入れ、最後に駅舎の荷重を免震装置に移し替えています。地下の工事は目には見えませんが、地上と同じくらい複雑でした。

　最後は現代の駅・ホテル・ギャラリーとして積極的な「活用」が図られていることです。復原された3階の大半はホテルの客室で、復原前と比べるとホテルの規模が拡大していますが、もっとも特徴的な空間として中央部4階の「アトリウム」**Fig.04**があります。以前は屋根裏の薄暗いデッドスペースでしたが、線路側の屋根がガラスになったことによって明るく気持ちの良い大空間に生まれ変わり、ホテルの朝食会場として活用されています。このガラスの屋根は駅前広場側からは見えず正面の外観は創建時の姿のままで、まさに歴史（保存・復原）と未来（活用）との共存と言えます。

　ドームのコンコースは創建時と現代では機能がまったく異なるため、創建時の要素を引用しながら現代の機能に適したデザインとなっていますが、このとき新しく手を加えた部分がオリジナルの部分と調和しつつ区別できることが重要です。さらに、ドームの床の模様には戦災復興時につくられたジュラルミン製のドームを投影したデザインが用いられていて、復原によって失われた記憶を留めています。

———

### 歴史から未来へ

　これらの一連の工事は伝統的な職人技によって保存・復原されながらも、最新のテクノロジーによって駅として一日も休まずに使われながら免震化するという、新旧の技術が融合したほかに類を見ないものでした。そして、東京駅が復原された後は周辺地域も多くの観光客で活性化し、都市に賑わいがもたらされました。

　近年では「京都市美術館（通称：京都市京セラ美術館）」(2020)**Fig.05**や「弘前れんが倉庫美術館」(2020)**Fig.06**など、既存の古い建築を活かした話題の美術館がオープンしましたが、いずれも建物単体の範囲にとどまらず、周辺地域の活性化にも大きく貢献しています。今後より多くのさまざまな建築において保存・再生デザインが必要とされていくと思われますが、「変えるべきではないこと」（保存）と「変えるべきこと」（再生）との両方を意識しながら、歴史から未来をつなぎ、古い建築の新しい魅力を引き出していきましょう。

———

［大内田史郎］

**Fig.05**「京都市美術館（通称：京都市京セラ美術館）」（青木淳・西澤徹夫、2020年）

**Fig.06**「弘前れんが倉庫美術館」（田根剛ほか、2020年）

# 理論と実践の両輪から
# 保存・再生を考える

## ヒストリーの継承

近年は既存のストックを残して活用するための保存・再生デザインが重要な時代となりましたが、対象は世界遺産や重要文化財の修復から古民家の改修に至るまでと幅広く、手法や枠組みも多岐にわたり、既存のストックをより上手く活かすための知識と技術が不可欠です。

このような状況において、歴史・意匠・技術に着目し、活用方法(理論)を検証しながら、それを具現化する設計手法(実践)を探求していくことが重要になりますが、その手掛かりとして、ヨーロッパにおける著名な作品を対象とした保存・再生デザインについて考えてみましょう。

機能の更新やスペースの拡張に伴って歴史ある様式建築を改修する場合、外観を保存しながらの巧みな増改築が求められます。

1793年に開館したパリの「ルーブル

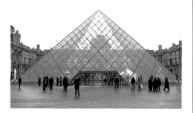

**Fig.01** 「ルーブル美術館ピラミッド」
(I.M.ペイ、1989年)

**Fig.02** 「ライヒスターク 改修」
(ノーマン・フォスター、1999年)

美術館」では、増加する入館者への対応が必要とされました。そこで、改修設計を担当したI.M.ペイ(1917-2019)は中庭にガラスのピラミッド **Fig.01** をつくり、地下に新たなエントランスホールを設けました。とくに様式建築に対して増改築を行う場合には、歴史的な誤解を与えないためにも「後世に手を加えた跡が当初のものと調和しつつ区別できることが重要」だと言われていますが、ルーブル美術館ではピラミッドという幾何学をガラスで構築することによって、この課題を解決しています。

「ライヒスターク」 **Fig.02** はドイツの国会議事堂です。1894年に竣工した創建時の建物は1933年に被災し、戦後はしばらく放置されていましたが、東西ドイツ統一に伴いノーマン・フォスターの設計による大改修が行われました。フォスターは創建時にあったドームを踏襲しながら、「キューポラ」という現代の新しいガラスのドームに置き換えました。「キューポラ」は内部の螺旋状のスロープでドームの頂部まで上れるだけでなく、環境負荷を軽減する装置の役割も担っており、議事堂上の屋上テラスはベルリンの新たな観光名所として賑わっています。

同じフォスターが2001年に改修をしたロンドンの「大英博物館」では、中庭にあった図書館の機能が別の建物へ移転したのに伴い、中庭に三次曲面のガラス屋根を架けて外部空間を内部空間化し、それまで使われていなかったスペースが「グレートコート」と名付けられたパブリックな空間として再生されました。

---

## コンバージョンによる活用

創建時の機能の役割を終え、別の用途に転用されている建築も多く存在しますが、この行為を「コンバージョン」と言います。対象は建築に限らず土木構造物や遺構など広がりを見せています。

パリの「オルセー美術館」(1986)は、建設当初は1900年の「パリ万博」に合わせて開業した駅舎でしたが、駅の廃止後にガエ・アウレンティ(1927-2012)によって建物の外観とホーム空間を保存しながら美術館に転用されました。本来はホームだった空間を展示室に置き換えたため、新築にはない空間と機能とのギャップを活かした展示空間となっています。

ロンドンの「テート・モダン」(2000)は、テムズ川添いの旧発電所を現代美術館に転用した建物です。大型の発電機があった「タービンホール」 **Fig.03** という巨大な空間は、美術館のエントランスホールになっていますが、ここでも空間と機能とのギャップが巧みに用いられ、大空間を活かした特徴的な作品の展示が度々行われています。

ウィーン郊外にある「ガソメーター」(2001) **Fig.04** は4基のガスタンクを商業施設・オフィス・集合住宅等に転用した複合施設で、4棟それぞれ異なる建築家が設計を担当しています。1階から3階の低層部に商業施設等のパブリックな機能が配置された各棟は3階レベルでつながっていて、4階以上のオフィス・集合住宅はガスタンクの内部空間を活かした円

**Fig.03**「テート・モダン」（ヘルツォーク＆ド・ムーロン、2000年）タービンホール

**Fig.04**「ガソメーター」（ジャン・ヌーベル、コープ・ヒンメルブラウほか、2001年）

形の中庭に面する開放的な構成となっています。

---

## 多様なリノベーション

近年のリノベーションはますます多様化しており、立体的で複雑な増築や、プログラムの複合化などさまざまな試みが見受けられます。

ピーター・ズントーが設計を手掛けたケルンの「聖コロンバ教会大司教区美術館」（2007）は、敷地にかつて建っていた教会の遺構を残して建設されました。保存された遺構と新しい外壁との継ぎ目の壁面に隙間を空けることで新旧が柔らかくつながり、その隙間から遺構の展示空間へ木漏れ日のような光が差し込みます。ここでは旧建物の遺構が保存の対象となり、新旧をつなぐ材料としてガラス以外の可能性を示唆しています。

ハンブルクの「エルプフィルハーモニー」（2016）**Fig.05**は、カカオ豆を保管していた煉瓦倉庫の上に増築して、コンサートホール・ホテル・集合住宅等で構成された複合施設にコンバージョンした大胆なリノベーションです。設計は「テート・モダン」も手掛けたヘルツォーク＆ド・ムーロンで、増築部分の屋根の形状は波のような曲線を描き、ガラスの壁面には周囲の風景が刻一刻と変化しながら映し出され、すでにハンブルクの新しいランドマークとなっています。倉庫とコンサートホールという相容れないプログラムが同じ平面形の輪郭のなかに重ねられていて、倉庫の堅固な構造体が増築部分を支えています。また、既存部分と増築部分との間の場所は港町の眺めが広がる展望デッキとなっていて、新旧を対比させながらもパブリックな空間で上手くつないでいます。

もう一つはダイヤモンドの取引量世界一を誇るベルギーのアントワープにあり、ザハ・ハディド（1950−2016）の遺作となった「ポート・ハウス」（2016）**Fig.06**です。用途は港湾局の事務所で、消防署だった既存の建物の上にダイヤモンドを彷彿とさせる多面体のガラスのヴォリュームが増築されています。もともと外部の中庭だったスペースにガラス屋根を架けて新たなアトリウムを設け、そこからエレベータで増築部分にアクセスする動線計画で、増築部分を支える構造体上面の場所はやはり展望デッキとなっています。

最後に「エルプフィルハーモニー」と「ポート・ハウス」とを比較してみます。一見するとまったく異なる印象ですが、水辺に面して建っていること、既存建物の上に隙間を空けてガラスのヴォリュームが載っていること、既存部分と増築部分との間の空間には展望デッキが設けられていることなど、共通する部分も多く見られます。世界の保存・再生デザインを俯瞰してみたとき、いくつかの共通点のある二つが最前線にあるのは興味深いことではないでしょうか。

世界中にはこのほかにも保存・再生された魅力的な建築が数多く存在しますが、海外に比べ日本の保存・再生デザインはまだまだ発展途上にあると言えます。わが国の歴史や文化に適した保存・再生デザインはどうあるべきなのか、好奇心を抱く未知のテーマがきっと見つかるはずです。

**Fig.05**「エルプフィルハーモニー」（ヘルツォーク＆ド・ムーロン、2016年）

**Fig.06**「ポート・ハウス」（ザハ・ハディド、2016年）

# リノベーションから見る
# 西洋建築史 歴史の継承と創造性

中島智章

### 西洋建築史の新たな役割

21世紀になりすでに20年、建築設計の世界でも既存建築物をリノベーションして新たな時代にふさわしい価値を付加していく営みが重要性を増しています。その際に重要なのは、歴史的建造物などの既存建築物の価値の本質を見抜き、それを後世に伝えていく意思と技術です。洋の東西を問わず、建築史・都市史は多くの示唆を建築家に与えてくれるでしょう。

ここでは筆者が専門とする近世貴族住宅史からヴェルサイユ城館の王政期当時の「リノベーション」についての概要を紹介します[1]。

---

### ヴェルサイユ新城館建設をめぐる
### 小城館の保存問題

ヴェルサイユ城館(château de Versailles)の歴史はブルボン朝のルイ13世(Louis XIII, 1601–43)が1623–24年に建設した狩猟館から始まりました[2][3]。1631–34年に赤煉瓦とクリーム色の石材のツートンカラーの城館に改築され、後世、「小城館」(petit château)と呼ばれる部分が登場します Fig.01。息子ルイ14世(Louis XIV, 1638–1715)は実権を握った1661年から徐々に増築を続け、1668–70年、ついに小城館を北、西、南の三方から囲うような「新城館」(château neuf)を建設しました。

1669年6月8日には新城館は1階部分まで建設されていたことが、現場監督から建設総監コルベール(Jean-Baptiste COLBERT, 1619–83)への報告書からわかります。しかし、1669年6月中に工事は中断され、この後、6名の建築家たちによるコンペが行われたことが、コルベールによる文書2通やその側近ペロー(Charles PERRAULT, 1628–1703)からコルベールへの1669年6月25日付書簡によって知られています。

コルベール文書2通とはコンペ条件を記した「ヴェルサイユの建築物において陛下が望まれていることについての覚書」とコンペ案4案についての講評「ヴェルサイユのためにさまざまな建築家たちが提出した計画案についての講評」です[4][5]。コンペの骨子は、まず小城館を取り壊して更地にしたうえで新たな城館を建設すること、および新城館のすでに建設した部分は取り壊さずに再利用することです。おそらく、このコンペでは王の首席建築家ル・ヴォー(Louis LE VAU, 1612–70)が勝利しましたが Fig.02左、これは破棄され、結局1669年6月以前の案に立ち返り Fig.02右、小城館を保存してその三方から囲うように1階部分まで建設された新城館を引き続き建設していきました。

筆者はこの間の事情を記したのが、コルベールによる「ヴェルサイユ宮殿:概論」だと考えています[6]。彼はその前半で「概論」執筆時における「現行案」を

**Fig.01** 「ヴェルサイユ小城館」(増改築設計:フィリベール・ル・ロワ、1631–34年)正面ファサード

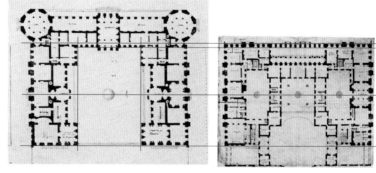

**Fig.02** 「ヴェルサイユ新城館」ル・ヴォーによるコンペ案・実施案1階平面図

完膚なきまでに批判し、後半ではその状態からどのように挽回するかを下記の選択肢を挙げて論じました。

1 すべてを「取り壊して」敷地をもっと広く整備したうえで「大邸宅を建設する」

2 「新しく建てられた部分をすべて取り壊す」

3 「小城館を残し、着工案に従って包囲建築を建設する」

本稿の関心にとって興味深いのは「概論」で示された「保存」についての考え方です。コルベールは第3の選択肢についてもっともましな案だと評価しつつ、次のように述べます。「いずれにせよ、陛下について残される永遠の記憶は、この建築物のせいで惨憺たるものとなるだろう。／陛下の御楽しみが充足されたときに、この建築物が倒れることを願うばかりである。」もともと、彼はヴェルサイユの事業そのものが不本意だったのです。

その判断基準はヴェルサイユにできる限り金を使わないことです。「覚書」冒頭で「陛下は以下のことをお望みである。新しくつくられた部分すべてを用いること」と指示し、ル・ヴォー案の「講評」冒頭で「つくられた部分はすべて保存される」と真っ先に指摘しているのも同じ観点による意見でしょう。これら3通のコルベール文書からは、建築とは王の偉大なる治世の記憶を後世に永遠に伝えていくものであるという建築観も伺えます。

───

**建築による王朝の記憶の継承**

コルベールは実施案を「陛下について残

される永遠の記憶は、この建築物のせいて惨憺たるものとなるだろう」と批判しましたが、小城館の保存を強硬に望んだのはルイ14世自身であるという点で先行研究の多くは一致しています。

では、なぜに王は父の建てた小城館にこだわったのでしょうか。ルイ13世の崩御時、ルイ14世は4歳の幼児でした。当時の王族の生育環境も考え合わせると、父の記憶、父への親愛の情はどの程度残っていたでしょうか。古来、何故にルイ14世はヴェルサイユにこだわり、そこに王宮を営んだのか論じられてきました。公的には王の修史官フェリビアン（André FELIBIEN, 1619–95）によって公にされた『ヴェルサイユ城館大全』(Description sommaire du Chasteau de Versailles, Paris, 1674)冒頭において次のように記されているだけです[7]。

「あらゆる王邸の中でもヴェルサイユの邸宅は、とりわけ、陛下の御喜びとなる栄誉に浴し、1661年、陛下はかつてなきほど広社に、かつ、快適にお住まいになれるよう事業に着手された。ルイ13世陛下が建設させたこの城館は、当時、単純なコール=ド=ロジ（主棟）と2棟の翼棟、および、4棟のパヴィリオン（突出部）のみで構成されていたのである。陛下の今日の宮廷のような大規模な宮廷を収容すべく、多くを増築せねばならなかった。だが、陛下は<u>亡き父王陛下の御記憶に対する御孝心</u>を抱えておられたゆえに、父王陛下が建設させた部分をまったく取り壊させることなく、増築され

た部分のすべてが、既存の宮殿がかつてあったように見えるのをまったく妨げないようにされていた。」(FELIBIEN, 1674, pp.1–3, 下線は筆者)

このように記述されているものの、諸家は4歳で父王と死別したルイ14世の「亡き父王陛下の御記憶に対する御孝心」を額面通りに受け取ってはいません。ゆえにさまざまな議論がなされてきました。ただ、それを父から子へ受け継がれていく王位の継続性、すなわち新たな王家ブルボン朝の継続性への関心と読むならば、この記述はかなり重要です。王は多くの宮殿や城館を所有していましたが、ヴェルサイユ以外はカペ朝、ヴァロワ朝から受け継いだものでした。ヴェルサイユこそはブルボン朝だけの記憶を後世に伝える城館なのです。

コルベールにとってヴェルサイユは「陛下について残される永遠の記憶」を「惨憺たるもの」とするものだったのに対し、フェリビアンの記述によればヴェルサイユこそがブルボン朝の継続性の象徴であり、ブルボン朝の記憶だけを後世に伝えるモニュメントだったと評せるでしょう。このように小城館の保存は王朝の継続性という大きなものを背負っていたのです。

# 時代をあと取りして
# 身近な建築・都市空間を読み解く

初田香成

災害が頻発し、人口減少期に入った日本では、これまでの建築や住宅、都市のあり方は自明ではなくなり、その存在意義が問われています。そこでは時代を先取りするより、歴史的な観点から現在の位置づけを問う、言わば時代を後取りするような考察が必要です。私の研究室は建築と都市を一体的に捉え、実証研究とフィールド調査を行うことで、身近な建築・都市空間を読み解いています。

## 過去にオルタナティブを見出す

工学院大学新宿キャンパスのすぐ近く、新宿西口の思い出横丁は木造低層の長屋からなる街区です。狭小な飲み屋が密集する独特の雰囲気は、第二次世界大戦直後にできた闇市に由来します **Fig.01**。

闇市というと無秩序に建てられたよ

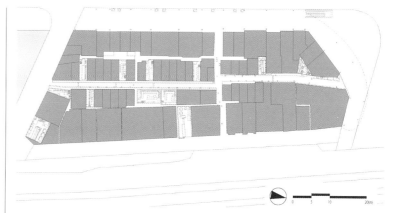

Fig.02 思い出横丁の平面。外周と内側で間口寸法と平面計画が異なり、間口が統合されている

うに思われがちですが、調査からじつは計画的につくられていたことがわかってきました。たとえば一見ばらばらな現在の間口は当初の一定の間口をさまざまに統合した結果であり、外周部は物販店向けに間口が広く、中央部は飲み屋向けに細長い平面に計画されていました **Fig.02**。

一方で当初から営業者は大胆な増改築を行ってきました。平屋だった建築は2、3階にさまざまに増築され、中央の通りに面した店舗は当初の奥行の2倍以上に大幅に増築しています。増改築は個別になされましたが、通路にはみ出さないなどある種の自主的なルールが見られます。この過程で不法占拠だった権利関係は合法的なものになっています。

闇市の建築は困窮した人々が少ない元手で開業することを可能とし、人々はさまざまに増改築することで時代に合わせて使い続けてきました。思い出横丁の歩みは災害後に仮設建築を通じ人々が

生活を再建し、定着していく過程をよく示しています。

現代の私たちは一見不自由のない建築に囲まれて暮らしています。しかし災害リスクの顕在化、雇用形態の流動化、空き家の増大などの問題は、重厚長大な災害復興や持ち家中心の住まい方などの限界を示しています。仮設建築の原初的なあり方は現在の建築とは対照的で、さまざまな想像を喚起してくれます。研究室では闇市に限らずさまざまな種類の仮設建築のありようについて全国規模で調査を行い、オルタナティブ（もう一つの選択肢）を見出そうとしています。

## 生き続けてきた都市・建築を保存する

東京都葛飾区柴又の帝釈天の門前では、緩やかに湾曲する参道に沿ったまち並みに伝統的な雰囲気が継承されています **Fig.03**。

帝釈天と門前は江戸川の自然堤防として発達した微高地に発展してきま

Fig.01 周囲と対照的な思い出横丁。
屋上にさまざまな増築がなされている

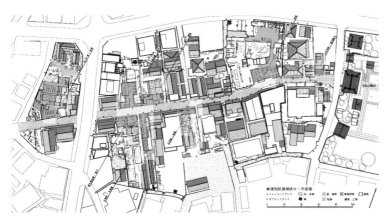

**Fig.04** 柴又の門前の連続平面図。紫が店舗、橙が住宅、黄が厨房・工場で層状に土地が利用されている

した。柴又という地名はもともと「嶋俣」と表記し、河川が複数の流路に分岐するようなデルタ地帯に島のように存在した微高地が前身になったと考えられます。微高地には現在も農家を営む旧家とその屋敷が多数存在します。彼らは帝釈天の檀家であり、同時に地場の産物を使って門前で川魚料理店や団子屋、煎餅屋などを構えてきました。調査からは柴又の景観が周囲の自然条件や人々に支えられてできた様子が浮かび上がってきました。

このことが評価されて葛飾柴又は東京都初の国の重要文化的景観に選定されました。文化的景観は人間と自然との相互作用によって生み出された景観を指します。そこでは単にまち並みを守るだけではなく、上記のようなシステムを守っていく必要があります。

たとえば門前では参道に面した部分で商売が、奥で加工が営まれるなど、層状に土地が利用されて、敷地の背後で原材料を生産する農地につながっています**Fig.04**。また現在のまち並みは一見古くからのもののように見えますが、じつは意外に新しく、参詣客を意識して個々の部材を付加してつくり出されてきました**Fig.05**。そこでは参道に出すぎない一定の範囲で下屋や庇を張り出しています。

変化し続ける景観を生業や周囲の環境を含めたシステムとして保存するにはどうしたらよいか。それを解く鍵として明文化されない自主的ルールのような「都市の遺伝子」を見出そうとしています。しかしコロナ渦で閉店を余儀なくされる店も現れるなど、生き続ける都市や建築を保存する試みは始まったばかりです。

---

### 保存・再生とまちづくり・建築デザインを架橋する

「私のまちには歴史がない」といった声を聞くことがあります。しかし私たちが暮らしている空間は、誰かが道路を引き、敷地を開発してつくられたものです。個々の営為の積み重ねとして読み解くことで、目の前に広がる空間は痕跡に満ちた歴史的資源として立ち現われてきます。過去は現在から切れたものではなく、目の前に「いる」のです[1]。

現在の日本の景観を構成する建築はほとんどが戦後、とくに高度経済成長期以後に建てられてきました。ただ人口減少期に入った現在、これらの身近でありふれた空間の総体を歴史的資源として見直すことが求められています。このような視点から、保存・再生とまちづくりや建築設計をシームレスなものとして捉え、架橋すること、言わば時間をデザインすることが研究室のテーマです。

**Fig.03** 柴又の門前のまち並み

**Fig.05** 店舗の軒下。庇が後から付加されまち並みがつくられている

# おわりに

「建築学の広がり」編集委員会

本書は工学院大学建築学部設立10周年を記念し、近年の建築学の広がりを踏まえ、初学者にとっては建築学全体の概要を把握でき、教育者にとっては今後の建築学教育の方向性を考える一助となることを目的に編んだものです。

―――――

建築学に関連する12分野について、各分野をできるだけ平易に表現した概要と研究紹介からなる構成は、建築学全体の概要が把握できるとともに各分野のやや踏み込んだ内容について理解を深め、そして最新の研究内容についても触れられるものとなっています。

初学者にとっては自分の興味がどこにあるのか、どのような分野に進んだらいいのかを考えるうえでたいへん参考になるでしょう。さらに研究者や実務家にとっても、他分野で行われていることがヒントになって新たな発想が生まれることも期待できます。

―――――

本書からおわかりのように建築学は非常に広い分野にわたる学問であり、建築に関する業務も多岐にわたっています。ですから建築に興味がある初学者にとっては、必ず自分にあった分野が見つかると信じています。

また同じ分野の研究者同士はよく情報交換をしますが、他分野の研究内容を知る機会は少なく、建築学全体を網羅する本書のような試みはたいへん興味深いことと言えるのではないでしょうか。初学者・教育者にはもちろんのこと、研究者、実務家の方にも是非ご一読くださることを願っています。

―――――

末筆になりましたが、本書の作成にあたりましては、執筆者の方々には企画趣旨を汲んだ貴重な原稿を寄せていただきました。藤森照信先生、加藤信介先生、アラン・バーデン先生には広い視野から、これから建築を学ぶ方にとって重要なメッセージを贈っていただき、ユウブックスの矢野さんには企画進行から編集作業に至るまで丁寧にお付き合いいただきました。

皆さまのご尽力により充実した内容とすることができましたことを、あらためて感謝申し上げます。

2021年春

**序説** [1] ウィトルウィウス『ウィトルーウィウス建築書』
森田慶　訳、東海選書、東海大学出版会、1979年

[2] 浅見泰司 他『住環境－評価方法と理論』
東京大学出版会、2001年

**8-1** ・鵜飼真成、村松一貴、野部達夫
「等温気流発生装置を具備した事務椅子の冷却効果」
『空気調和・衛生工学会論文集』223号、
pp.37－44、2015年

**8-2** [1] 吉良枝郎、太田保世 編『呼吸』p.77、
医学書院、1986年

[2] MERCK MANUAL Consumer Version
(https://www.merckmanuals.com/home/lung-and-
airway-disorders/)

[3] Nucleus MEDICAL MEDIA
(www.nucleusinc.com)

**9-1** [1] RILEY, Terence The Un-Private House p.11,
The Museum of Modern Art, New York, 1999

**12-2** [1] 伊藤喜彦、頴原澄子、岡北一孝、加藤耕一、
黒田泰介、中島智章、松本裕、横手義洋
『リノベーションからみる西洋建築史
歴史の継承と創造性』彰国社、2020年

[2] ル＝ギユー、ジャン＝クロード
『ヴェルサイユ宮──華麗なる宮殿の歴史』
飯田喜四郎 訳、西村書店、1992年

[3] 中島智章『ヴェルサイユ宮殿
太陽王ルイ14世とブルボン王朝の建築遺産』
増補新装版、河出書房新社、2020年

[4] COLBERT, Jean-Baptiste
〈Mémoire de ce que le Roi desire dans son
Bâtiment de Versailles〉, CLÉMENT, Pierre
*Lettres, instructions et mémoires de Colbert* Tome V,
Fortifications. Sciences, lettres, beaux-arts,
bâtiments., Imprimerie impériale, Paris, 1868,
pp.282－284

[5] COLBERT〈Observations sur les plans préseentés
par différents architectes pour Versailles〉,
CLÉMENT *Lettres, instructions et mémoires de Colbert*
Tome V, Paris, 1868, pp.287－288

[6] COLBERT〈Palais de Versailles: Raison générale〉,
CLÉMENT *Lettres, instructions et mémoires de Colbert*
Tome V, Paris, 1868, pp.266－268

[7] FÉLIBIEN, André, *Description sommaire du chasteau de
Versailles*, Paris, 1674

**12-3** [1] 中谷礼仁
『セヴェラルネス＋　事物連鎖と都市・建築・人間』
鹿島出版会、2011年

| | | |
|---|---|---|
| 1-1 | Fig.01 | 提供：台東区都市計画課 |
| 2-0 | Fig.03 | 提供：東京都 |
| 2-1 | Fig.01 | 出典：国立歴史民俗博物館 |
| 3-0 | Fig.01 | 提供：神戸市 |
| | Fig.02 | 出典：内閣府「首都直下地震の被害想定と対策について（最終報告）」 |
| | Fig.03 | 出典：国土交通省「重ねるハザードマップ」 |
| | Fig.04 | 出典：日本建築学会編『逃げないですむ建物とまちをつくる』技報道出版、2015年 |
| 3-3 | Fig.01 | 撮影：菅野広紀 |
| 4-0 | Fig.01 | 出典：経済産業省資源エネルギー庁「地域の系統線を活用したエネルギー面的利用システム（地域マイクログリッド）について」（2019年12月6日資源エネルギー庁） |
| | Fig.03 | 提供：東京都水道局 |
| | Fig.06 | 出典：国際連合広報センターホームページ (http://www.unic.or.jp) |
| 6-3 | Fig.07 | 提供：北村さくら |
| 7-1 | Fig.01 | 出典：国土交通省大臣官房官庁営繕部計画課保全指導室ホームページ (https://www.mlit.go.jp/gobuild/gobuild_tk6_000046.html) |
| | Fig.02 | 出典：国立社会保障・人口問題研究所ホームページ (http://www.ipss.go.jp/) |
| | Fig.03 | |
| 7-4 | Fig.01 | 提供：株式会社日本設計 |
| | Fig.02 | |
| 8-0 | Fig.03左 | サンプルデータ提供：AutoDesk |
| | Fig.03右 | |
| | Fig.04 | © iStock |
| | Fig.05 | 出典："Zhuangzi" Wikimedia Commons - Public Domain |
| 9-0 | 扉 | 撮影：Nacása & Partners |
| 9-1 | Fig.03 | 撮影：藤塚光政 |
| | Fig.04 | |

| | | |
|---|---|---|
| 9-2 | Fig.01 | 撮影：千田正浩 |
| | Fig.07 | |
| 9-4 | Fig.01 | 撮影：西川公朗 |
| | Fig.02 | |
| | Fig.04 | |
| | Fig.06 | 撮影：山内紀人 |
| | Fig.07 | 撮影：吉田誠 |
| 9-5 | Fig.01 | 撮影：福山博之 |
| | Fig.02 | |
| | Fig.04 | 撮影：太田拓実 |
| 10-0 | 扉 | 撮影：Nacása & Partners |
| | Fig.01 | |
| | Fig.03 | |
| | Fig.04 | |
| | Fig.02 | 撮影：梶尾敏英 |
| 10-1 | Fig.01 | 撮影：Nacása & Partners |
| | Fig.02 | |
| | Fig.03 | |
| | Fig.04 | 撮影：高山幸三 |
| | Fig.05 | |
| 10-2 | Fig.01 | 撮影：小川重雄 |
| | Fig.02 | |
| | Fig.05 | 出典："Rébétiko" David Prudomme, EDICIONES SINSENTIDO, 2010 |
| 11-0 | Fig.03 | 撮影：齋藤さだむ |
| 11-1 | Fig.01 | 撮影：齋藤さだむ |
| | Fig.02 | |
| 12-0 | 扉 | 撮影：傍島利浩 |
| 12-2 | Fig.02左 | 出典："National museum Stockholm, Collection Tessin, n°2392" |
| | Fig.02右 | 出典："Archives nationales (France), O/1/1766, dossier 1, n°1" |
| 12-3 | Fig.04 | 提供：東京大学工学部伊藤毅研究室 |

\*上記以外は編著者による提供。

年より工学院大学建築学部まちづくり学科教授。NPO法人アジア太平洋まちづくり支援機構会長。主な作品に「Kenzo Estate」(2010年)、「アマネム」(2015年)、「アマン京都」(2019年)。

## 篠沢 健太　　　　しのざわ けんた

1967年生まれ。1990年東京大学農学部農業生物学科卒業。1995年東京大学大学院農学系研究科農業生物専攻博士課程修了、博士(農学)。1995−2011年大阪芸術大学芸術学部環境計画学科准教授。2011年より工学院大学建築学部まちづくり学科着任。現在、同教授。RLA登録ランドスケープアーキテクト。専門は「団地」の開発計画、河川堤外地のランドスケープ計画、生態学の知見を応用したランドスケーププランニング、デザインなど。著書に『復興の風景像』(マルモ出版)、『団地図解』(学芸出版社、2018年造園学会賞受賞)。「福島アトラス01−03」(共同制作)で2018年グッドデザイン賞100受賞。

## 久田 嘉章　　　　ひさだ よしあき

1961年生まれ。1984年早稲田大学理工学部建築学科卒業、1986年同大学院修了、博士(工学)。1989年より早稲田大学、1992年よりUniversity of Southern California研究助手。1995年工学院大学工学部に着任。現在、同大学建築学部まちづくり学科教授。一級建築士。専門は地震工学・防災。著書に『逃げないですむ建物とまちをつくる』(技報道出版)、『建築の振動 初歩から学ぶ建物の揺れ 応用編』(朝倉書店)など。

## 村上 正浩　　　　むらかみ まさひろ

1972年生まれ。2001年九州大学大学院人間環境学研究科都市共生デザイン専攻博士課程修了、博士(工学)。2001年九州大学大学院非常勤学術研究員、2002年山口大学大学院ベンチャービジネスラボラトリー教育研究施設講師。2002年工学院大学工学部に着任。現在、同大学建築学部まちづくり学科教授。専門は都市防災、建築防災。著書に『逃げないですむ建物とまちをつくる』(技報堂出版)、『それでも、「木密」に住み続けたい！──路地裏で安全に暮らすための防災まちづくりの極意』(彰国社)など。

## 藤賀 雅人　　　　ふじが まさと

1985年生まれ。2008年明治大学理工学部建築学科卒業、2013年明治大学大学院理工学研究科博士後期課程修了、博士(学術)。2010−2013年明治大学理工学部建築学科助手、2013−2016年日白大学社会学部社会情報学科専任講師。2016年工学院大学建築学部まちづくり学科に着任。現在、同准教授。専門は都市計画・まちづくり。著書に『日本近代建築法制の100年』(日本建築センター)、『都市計画の構造転換』(鹿島出版会)、『仮設住宅 その10年』(御茶の水書房)など。

## 中島 裕輔　　　　なかじま ゆうすけ

1972年生まれ。1995年早稲田大学理工学部建築学科卒業。2000年早稲田大学大学院理工学研究科建設工学専攻博士課程単位取得退学。早稲田大学理工学総合研究センター助手、講師を経て、2003年工学院大学工学部に着任。現在、同大学建築学部まちづくり学科教授。博士(工学)、一級建築士。専門は建築・都市環境工学。著書に『都市環境から考えるこれからのまちづくり』(森北出版)、『はじめての建築環境工学』(彰国社)、『ZED Book−ゼロエネルギー建築 縮減社会の処方箋−』(鹿島出版会)など。受賞に2020年日本建築学会教育賞(教育貢献)など。

## 西川 豊宏　　　　にしかわ とよひろ

1971年生まれ。1996年工学院大学大学院修士課程修了。三井建設株式会社(現、三井住友建設株式会社)設備設計部、工学院大学工学部建築学科非常勤講師などを経て、2009年工学院大学大学院博士課程修了、博士(工学)。2010年に工学院大学工学部に着任。現在、同大学建築学部まちづくり学科教授。専門は建築環境、建築設備。一級建築士、建築設備士ほか。受賞に2019年空気調和・衛生工学会論文賞、篠原記念賞受賞など。

## 横山 計三　　　　よこやま けいぞう

1954年生まれ、1978年早稲田大学理工学部機械工学科卒業。1978−2013年日比谷総合設備株式会社施工管理、設計、海外勤務などを経て、技術研究所所長。2004年宇都宮大学大学院工学研究科エネルギー環境科学修了、博士(工学)。2013年より工学院大学建築学部まちづくり学科教授。技術士(衛生工学部門)。専門は環境共生、建築設備。著書に『環境のヒューマンファクターデザイン』(井上書院)、『建築環境工学 改訂版』(朝倉書店)、『基礎教材 建築設備』(井上書院)、など。

## 境野 健太郎　　　　さかいの けんたろう

1976年生まれ。2000年京都大学工学部建築学科卒業、2007年京都大学大学院工学研究科環境地球工学専攻博士後期課程修了、博士(工学)。鹿児島大学工学部助教、鹿児島大学大学院理工学研究科准教授を経て、2015年より工学院大学建築学部建築学科准教授。専門は建築計画、とくに高齢者/障害者の住環境、福祉施設計画、医療施設計画を扱う。

## 山下 てつろう　　　　やました てつろう

1956年生まれ。1986年東京都立大学大学院工学研究科建築学専攻単位取得満期退学。1989−1991年共同建築設計事務所勤務、1991−1996年東京大学大学院工学系研究科助手、1996−2007年名古屋大学大学院工学研究科准教授。

## 野澤 康　　　　のざわ やすし

1964年生まれ。1993年東京大学大学院工学系研究科都市工学専攻博士課程修了、博士(工学)。1993−1995年東京大学工学部都市工学科助手。1995年工学院大学工学部に着任。現在、同大学建築学部まちづくり学科教授。技術士(建設部門 都市及び地方計画)、シニア教育士。専門は都市計画・まちづくり。著書に『まちづくりデザインのプロセス』(日本建築学会)、『まちの見方・調べ方』(朝倉書店)、『初めて学ぶ都市計画(第二版)』(市ヶ谷出版社)など。

## 星 卓志　　　　ほし たかし

1959年生まれ。北海道大学大学院修了後、札幌市役所に入庁。都市計画部長、都心まちづくり推進室長等を歴任。主に都市計画、企画政策を担当。2013年より工学院大学建築学部まちづくり学科教授。新宿区外部評価委員会会長、国分寺市都市計画審議会会長、八王子市都市計画審議会委員等。博士(工学)、技術士(建設部門 都市及び地方計画)、一級建築士。著書に『初めて学ぶ都市計画』(市ヶ谷出版社)、『技術者の倫理』(コロナ社)、『人口減少時代における土地利用計画』(学芸出版社)など。

## 遠藤 新　　　　えんどう あらた

1973年生まれ。1995年東京大学工学部都市工学科卒業、1997年同大学院修士課程修了、博士(工学)。東京大学助手、金沢工業大学講師を経て、2009年工学院大学工学部に着任。現在、同大学建築学部まちづくり学科教授。渋谷区景観審査会会長、静岡市景観審議会会長、伊勢原市まちづくり審議会会長、釜石市復興ディレクター、URまちづくり支援専門家など。専門は都市デザイン。著書に『アーバンデザイン講座』(彰国社)、『アーバンデザインセンター』(理工図書)、『米国の中心市街地再生』(学芸出版社)など。

## 下田 明宏　　　　しもだ あきひろ

1955年生まれ。1979年東京大学農学部卒業、緑地学専修。1982年ハーバード大学デザイン大学院修了、ランドスケープアーキテクチャー修士。1982年SWA Group(米国)。1988年株式会社D+M設立。2006年Kenzo Estate、President(米国)。2012

2007年工学院大学工学部に着任。現在、同大学建築学部建築学科教授。専門は建築計画、とくに医療・福祉・教育施設の計画。著書に『クリニック時代のクリニック建築』(永井書店)、『バリア・フリーの生活環境論』(医歯薬出版)など。建築作品には「足利赤十字病院」(2011年)、「名古屋大学医学部附属病院・中央診療棟」(2005年)、「西春町集会所『陽だまりハウス』」(2005年)、「西神戸医療センター」(1994年)など。

## 山下 哲郎　　やました てつお

1965年生まれ。1989年京都大学工学部建築学科卒業、1991年同大学院工学研究科修了。1991－2007年株式会社巴コーポレーション(旧名巴組鐵工所)にて鉄骨空間構造の設計・施工ならびに免震・制振技術の開発と事業化に携わる。2007年に工学院大学工学部に着任。現在、同大学建築学部建築学科教授。博士(工学)。専門はシェル・空間構造、とくに骨組系空間構造の座屈と耐震設計。著書に『シェル・空間構造の基礎理論とデザイン』(京都大学学術出版会)、『ラチスシェル屋根構造設計指針』(日本建築学会)など。

## 河合 直人　　かわい なおひと

1958年生まれ。1981年東京大学大学院工学系研究科建築学専門博士課程修了、工学博士。東京理科大学助手、建設省建築研究所、国土交通省国土技術政策総合研究所、独立行政法人建築研究所を経て、2011年より工学院大学建築学部建築学科教授。専門は建築構造でとくに木造建築物の耐震性能に関する研究を継続して行っている。著書に『木質構造設計規準・同解説－許容応力度・許容耐力設計法－』(日本建築学会)、『限界耐力計算による伝統的木造建築物の構造計算指針・同解説』(日本建築学会)など。

## 小野里 憲一　　おのざと のりかず

1965年生まれ。1987年工学院大学工学部建築学科卒業。同大学大学院修士課程修了後、1991－2001年松井源吾＋ORS事務所(構造設計事務所)を経て、2001年に工学院大学工学部に着任。現在、同大学建築学部建築学科教授。博士(工学)、一級建築士。専門は鉄筋コンクリート構造を主とした建築の構造。著書に『考えるプロセスがわかる 力のつり合いを理解する構造力学』(彰国社)、『考えるプロセスがわかる 変形を理解する構造力学』(彰国社)、『建築技術者の倫理』(コロナ社)など。

## 松田 頼征　　まつだ よりゆき

1986年生まれ。2010年武蔵工業大学(現・東京都市大学)工学部建築学科卒業。2012年東京工業大学人間環境システム専攻修士課程修了。2016年同大学同専攻博士課程修了、博士(工学)。2016－2020年東京理科大学理工学部建築学科助教、

2018年－武蔵野美術大学非常勤講師、2018－2019年芝浦工業大学非常勤講師、2019年大妻女子大学非常勤講師。2020年より工学院大学建築学部建築学科助教。専門は耐震工学、鋼構造、制振構造。2019年日本建築学会奨励賞受賞。

## 田村 雅紀　　たむら まさき

1973年生まれ。1996年名古屋大学工学部建築学科卒業。1998年東京大学大学院建築学専攻修士課程修了、同博士課程中退、博士(工学)。1999年－2008年首都大学東京助教、2008年に工学院大学工学部に着任。現在、同大学建築学部建築学科教授。専門は環境材料学、建築材料学。著書に『ベーシック建築材料』(彰国社)、『建築生産－ものづくりかた見た建築のしくみ－』(彰国社)など。代表作に「岩手銀行赤レンガ館」(漆喰天井保存修復、2016年)、「完全リサイクル住宅」(コンクリート基礎製造・施工、2001年)など。

## 鈴木 澄江　　すずき すみえ

1962年生まれ。1985年芝浦工業大学工学部建築学科卒業。1985－1992年内山コンクリート工業株式会社(現・株式会社内山アドバンス)中央技術研究所にて生コンクリートの試験、配合設計、海外勤務を経た後、1992年－2020年一般財団法人建材試験センターにて建築材料の試験、認証、評価業務などを経て、経営企画部長、ISO審査本部長、技監を務める。2006年宇都宮大学大学院工学研究科生産情報工学専攻修了、博士(工学)。2018年－2020年公益社団法人日本コンクリート工学会理事。2020年より工学院大学建築学部建築学科教授。専門はコンクリート工学、建築材料。

## 遠藤 和義　　えんどう かずよし

1960年生まれ。1987年東京大学大学院工学系研究科建築学専門課程博士課程中退。1987－1993年京都大学工学部助手。1993年工学院大学工学部に着任。現在、同大学建築学部建築学科教授。博士(工学)。専門は建築生産、建築プロジェクトマネジメント、建設業経営。著書に『にっぽん建設業物語』(講談社)、『建築生産』(市ヶ谷出版社)。

## 岩村 雅人　　いわむら まさと

1967年生まれ。1992年京都大学工学部建築学科卒業。1992年松田平田設計。2010年日本設計、2015年同プロジェクト管理部副部長BIM室長。2018年工学院大学非常勤講師、2020年同大学特任教授。現在、同大学建築学部建築学科教授。3D・BIMを使った設計に早くから取り組み、最近はBIMの研究も行う。受賞に「栄光学園70周年記念新校舎」にて木材活用コンクール最優秀賞(2019年)、グッドデザイン賞(2019年)ほか、「秋田市新庁舎」にて空気調和・衛生工学会賞(2019年)ほか、「等々力陸上競技場メインスタンド」にて

神奈川県建築コンクール優秀賞(2015年)ほかなど(以上日本設計在籍時)。

## 富樫 英介　　とがし えいすけ

1980年生まれ。2004年早稲田大学理工学部建築学科卒業。2006年早稲田大学理工学研究科建築学専攻修士課程修了。2009年早稲田大学理工学研究科建築学専攻博士課程修了。2010－2015年株式会社日建設計にて設備設計に従事。2015年より工学院大学建築学部建築学科准教授。一級建築士、不動産鑑定士、博士(工学)、建築設備士。専門は熱環境シミュレーションと建築環境史。著書に『熱環境計算戯法』。受賞に2020年空気調和・衛生工学会賞。

## 野部 達夫　　のべ たつお

1958年生まれ。1981年早稲田大学理工学部建築学科卒業。1983年早稲田大学大学院理工学研究科建設工学専攻修士課程修了。1983－2001年清水建設株式会社にて設備設計に従事。1989年早稲田大学大学院理工学研究科建設工学専攻博士課程修了。工学博士。2001年工学院大学工学部に着任。現在、同大学建築学部建築学科教授。日本空調冷凍研究所理事長、建築設備技術者協会会長を歴任。一級建築士、建築設備士、技術士(衛生工学部門)。専門は建築設備評論。著書に『建築設備新思想大系』(日刊建設工業新聞社)など。

## 柳 宇　　やなぎ う

1963年生まれ。1985年同済大学機械工程系暖通学科卒業。1996年国立公衆衛生院研究課程修了。2002－2009年国立保健医療科学院建築物衛生室長。2010年より工学院大学工学部に着任。現在、同大学建築学部建築学科教授。公衆衛生学博士、工学博士。専門は空気質。現代日本執筆者大事典 第5期対象者、空調調和・衛生工学会学術理事、日本臨床環境医学会理事、「空気清浄」編集委員長など。著書に『空気調和・衛生工学会便覧』、『空気清浄便覧』、『微生物辞典』、『Air pollution and pollutants』など。受賞に日本建築学会賞(論文)(2016年)、空気調和・衛生工学会業績賞(2013、2020年)、日本空気清浄協会論文賞(2005、2019年)など。

## 伊藤 博之　　いとう ひろゆき

1970年生まれ。1993年東京大学工学部建築学科卒業。1995年東京大学大学院工学系研究科建築学専攻修士課程修了。1995年－1998年株式会社日建設計、1998年O.F.D.A.共同設立、1999年伊藤博之建築設計事務所設立。東京理科大学、お茶の水女子大学、慶應義塾大学ほかの非常勤講師を経て、2019年より工学院大学建築学部建築デザイン学科教授。専門は建築設計。著書に『現代住宅の納まり手帖』(彰国社)、『ノイズ

を設計する』(彰国社)ほか。受賞に「辰巳アパートメントハウス」にて日本建築学会作品選奨(2019年)、RIBA Awards for International Excellence(2018年)、「DECKS」にて東京建築士会住宅建築賞(2016年)など。

---

### 木下 庸子　　　　　きのした ようこ

1956年生まれ。1977年スタンフォード大学卒業。1980年ハーバード大学デザイン学部大学院修了。1981-1984年内井昭蔵建築設計事務所。1987年設計組織ADH共同設立。2005-2007年UR都市機構都市デザインチームチームリーダー。2007年に工学院大学に着任。現在、同大学建築学部建築デザイン学科教授。著書に『集合住宅をユニットから考える』(新建築社)など。受賞に「真壁伝承館」にて日本建築学会賞(作品、2012年)、「いえ 団地 まち-公団住宅 設計計画史-」(住まいの図書館出版局)にて日本建築学会著作賞(2015年)、「大学連携による教育プログラム『トークイン上越』の企画および実践」にて日本建築学会賞(教育貢献、2019年)など。

---

### 藤木 隆明　　　　　ふじき りゅうめい

1959年生まれ。1982年福井大学工学部建築学科卒業。1994年東京大学大学院工学系研究科建築学専攻博士課程修了、博士(工学)。1984-1990年株式会社坂倉建築研究所勤務を経て独立、F.A.D.S設立。2001年に工学院大学工学部着任。現在、同大学建築学部建築デザイン学科教授。専門は先端領域デザイン・計画理論。主な作品に「プロムナード多摩中央」(坂倉建築研究所在職時、1986年)、「那須野が原ハーモニーホール アートギャラリー棟」(1994年)、「小林眼科」(1999年)、「KT-house」(2001年)、「福井駅前交番」(2006年)、「現代美術館の家」(2014年)など。

---

### 西森 陸雄　　　　　にしもり りくお

1986年早稲田大学大学院修了後、株式会社AUR建築・都市・研究コンサルタント。1991年-93年イタリア、マッシミリアーノ・フクサス事務所、1992年文化庁芸術家在外研修員。帰国後、西森事務所設立。住宅、医療施設、商業施設などの設計に従事。2008年より工学院大学工学部に着任。現在、同大学建築学部建築デザイン学科教授。受賞に函館市景観賞、大宮市景観賞、INAXデザイン賞、鶯賞など。建築設計と並行して「地方の食」をテーマとした地域振興、新たなフードツーリズム振興の活動を続けており、長野県、奈良県、東京都八王子市などで食のブランド化事業を受託。現在は静岡県の景観行政の各種委員、伊豆半島の市町を中心としたまちづくり活動も実施している。

---

### 樫原 徹　　　　　かしはら とおる

1972年生まれ。1996年京都大学工学部建築学科卒業。1998年東京大学大学院工学系研究科

建築学専攻修士課程終了。2001年同博士課程単位取得満期退学。2000年デザインヌープ一級建築士事務所共同設立、2015年樫原徹建築設計事務所設立。慶應義塾大学、横浜国立大学、明治大学、東京外国語大学などの非常勤講師を歴任。2014年より工学院大学建築学部建築デザイン学科准教授。リチャード・ロジャース+アン・パワーズ著『都市、この小さな国の』(鹿島出版会)の翻訳なども手掛ける。

---

### 塩見 一郎　　　　　しおみ いちろう

1962年生まれ。1984年大阪芸術大学デザイン学科卒業。インテリアデザインオフィスノブにて吉尾浩次氏に師事。1999年spinoffを設立。2016年より工学院大学建築学部建築デザイン学科教授。専門は商環境に関わる空間デザイン、ブランディング。代表作に「スープストックトーキョー」各店舗(2001年-)、「XEX代官山」(2001年)、「XEX WEST」(2004年)、「The Kitchen Salvatore Cuomo Shanghai」(2006年)、「Paul Bassett South Korea」各店舗(2009年-)、「La Scala The Sukhothai Bangkok」(2017年)など。

---

### 冨永 祥子　　　　　とみなが ひろこ

1967年生まれ。東京芸術大学美術研究科建築専攻修士課程修了。1992年-2002年香山壽夫建築研究所。2003年福島加津也+冨永祥子建築設計事務所設立。2011年に工学院大学建築学部建築デザイン学科着任。現在、同教授。専門は建築デザインと漫画。建築設計の受賞に「中国木材名古屋事業所」にてJIA新人賞(2005年)、「工学院大学弓道場・ボクシング場」にて日本建築学会賞(作品、2015年)。その他、漫画「ミクロマンの頃」にてちばてつや賞(2010年)、『ホルツ・バウー近代初期ドイツ木造建築-』(GADEN出版)にてDAM Architectural Book Award 2020など。

---

### 筧 淳夫　　　　　かけひ あつお

1959年生まれ。1989年東京都立大学工学研究科建築学専攻中退。博士(工学)。1989年厚生省病院管理研究所を経て、2002年国立保健医療科学院施設科学部長。2011年より工学院大学建築学部建築デザイン学科教授。専門は施設環境の整備を通じた医療・病院管理学、看護管理学、感染管理学、医療安全などに関する研究と実践。著書に『医療施設 IS建築テキスト』(市ヶ谷出版社)、『建築大百科事典、これからの医療に必要なもの』(朝倉書店)、『看護の統合と実践① 看護管理』(医学書院)。多数の医療施設の整備計画に参画。

---

### 鈴木 敏彦　　　　　すずき としひこ

1958年生まれ。工学院大学工学部建築学科修士課程修了。黒川紀章建築都市設計事務所、フランス新都市開発公社EPAmarne、早稲田大学

理工学部建築学専攻博士課程を経て、1999-2007年東北芸術工科大学プロダクトデザイン学科助教授、2007-2010年首都大学東京システムデザイン学部准教授。2010年工学院大学工学部に着任。現在、同大学建築学部建築デザイン学科教授。株式会社ATELIER OPA共同主宰。「Opa Press」発行人、「NICHE」編集長。著書に『建築プロダクトデザイン/暮らしを劇的に変えるモノと空間の設計思想』(講談社)、『ヤコブセンの建築とデザイン』(TOTO出版)など。

---

### 大内田 史郎　　　　　おおうちだ しろう

1974年生まれ。1999年工学院大学大学院工学研究科修士課程修了、博士(工学)。1999-2014年東日本旅客鉄道株式会社、うち12年間に渡り東京駅丸の内駅舎の保存・復原を担当、日本建築学会賞(業績)などを受賞。2014年工学院大学建築学部建築デザイン学科に着任。現在、同教授。一般社団法人 DOCOMOMO JAPAN理事。専門は近代建築史、保存・再生デザイン。著書に『東京建築遺産さんぽ』(エクスナレッジ)。

---

### 中島 智章　　　　　なかしま ともあき

1970年生まれ。1993年東京大学工学部建築学科卒業。2001年東京大学大学院工学系研究科建築学専攻博士課程修了、博士(工学)。2002年工学院大学工学部着任。現在、同大学建築学部建築デザイン学科准教授。専門は西洋建築史。著書に『図説キリスト教会建築の歴史(増補新装版)』(河出書房新社)、共著に『パリ・ノートル=ダム大聖堂の伝統と再生』(勉誠出版)、『新古典主義美術の系譜』(中央公論美術出版)『リノベーションからみる西洋建築史』(彰国社)。

---

### 初田 香成　　　　　はつだ こうせい

1977年生まれ。2001年東京大学工学部都市工学科卒業。2003年同大学大学院工学系研究科都市工学専攻修士課程修了、2008年同建築学専攻博士課程修了、博士(工学)。同建築学専攻助教、プリンストン大学客員研究員などを経て、2018年より工学院大学建築学部建築デザイン学科准教授。専門は都市史、建築史。著書に『都市の戦後』(東京大学出版会)、『都市計画家石川栄耀』(鹿島出版会)、『盛り場はヤミ市から生まれた』(青弓社)、『同・増補版』(青弓社)、『危機の都市史』(吉川弘文館)など。

*並びは執筆順。

**建築学の広がり**
**12分野からみる多彩な世界**

–

–

2021年5月15日 初版第1刷発行

–

［編著者］

「建築学の広がり」編集委員会

–

［発行者］

矢野優美子

–

［発行所］

ユウブックス

〒221-0833

神奈川県横浜市神奈川区高島台6-2

TEL：045-620-7078

FAX：045-345-8544

info@yuubooks.net

http://yuubooks.net

–

–

［ブックデザイン］

刈谷悠三＋平川響子／neucitora

–

–

［印刷・製本］

株式会社シナノパブリッシングプレス


ISBN 978-4-908837-11-1 C0052